Comunidades

MÁS ALLÁ DEL AULA

ANNIE R. ABBOTT
University of Illinois at Urbana-Champaign

Prentice Hall

Boston | Columbus | Indianapolis | New York | San Francisco

Upper Saddle River | Amsterdam | Cape Town | Dubai | London | Madrid

Milan | Munich | Paris | Montréal | Toronto | Delhi | Mexico City

São Paulo | Sydney | Hong Kong | Seoul | Singapore | Taipei | Tokyo

Acquisitions Editor: *Donna Binkowski*
Sponsoring Editor: *María F. García*
Editorial Assistant: *Gayle Unhjem*
Executive Marketing Manager: *Kris Ellis-Levy*
Senior Marketing Manager: *Denise Miller*
Marketing Coordinator: *William J. Bliss*
Senior Media Editor: *Samantha Alducin*
Media Editor: *Meriel Martínez*
Development Editor for Assessment: *Melissa Marolla Brown*
Senior Managing Editor: *Mary Rottino*
Associate Managing Editor: *Janice Stangel*
Production Supervision: *Manuel Echevarria*
Composition/Full-Service Project Management: *Natalie Hansen and Sue McKinnon, Black Dot Group*
Manager, Rights and Permissions: *Zina Arabia*
Manager, Visual Research: *Beth Brenzel*
Manager, Cover Visual Research and Permissions: *Karen Sanatar*
Image Permission Coordinator: *Fran Toepfer*
Senior Operations Supervisor: *Brian Mackey*
Operations Specialist: *Cathleen Petersen*
Publisher: *Phil Miller*
Printer/Binder: *Bind-Rite Graphics*
Cover Printer: *Demand Production Center*

This book was set in 11/13 Sabon.

Credits and acknowledgments borrowed from other sources and reproduced, with permission, in this textbook appear on appropriate page within text and on page 157.

Library of Congress Cataloging-in-Publication Data

Abbott, Annie R.
    Comunidades : más allá del aula / Annie R. Abbott. — 1st ed.
      p. cm.
    ISBN-13: 978-0-13-502660-1
    ISBN-10: 0-13-502660-1
1. Spanish language—Study and teaching (Higher)   2. Service learning.   I. Title.
    PC4066.A23 2009
    468.0076—dc22
                                        2009028722

10 9 8 7 6 5 4 3 2 1

Prentice Hall
is an imprint of

www.pearsonhighered.com

ISBN 10: 0-13-502660-1
ISBN 13: 978-0-13-502660-1

Contenido

"I want to speak Spanish with native speakers!" students say when I ask them what interests them the most about doing Spanish community service learning (CSL)—a teaching methodology in which students do meaningful service learning work within a Spanish-speaking community to enhance their learning of the academic content of the course. When I ask what concerns them the most, they often reply, "I'm nervous about speaking Spanish with native speakers." These seemingly contradictory student attitudes reflect the reasons why *Comunidades: Más allá del aula* was written. On the one hand, Spanish CSL allows students to engage in real-world contexts that illuminate the Spanish language and Latino cultures in challenging, exciting, and meaningful ways. On the other hand, students need a solid curricular program that supports them linguistically and culturally as they work in a community context that is quite different from the highly controlled classroom environment they are used to.

Instructors also have contradictory feelings about Spanish CSL. They recognize it as a powerful and innovative pedagogy that enhances student learning through authentic communication. Yet they have limited time and resources to implement the innovations that Spanish CSL requires—organizing students' off-site CSL work and creating new lesson plans that coincide with students' experiential learning. Again, *Comunidades* responds to both—it is a complete curricular package that builds on instructors' enthusiasm and minimizes the time and effort they must expend to make Spanish community service learning happen.

On one issue, however, there is no contradiction: in most areas of the United States, it is no longer necessary to teach Spanish only as a foreign language and only in the classroom or online. Growing Latino communities throughout the United States and in urban, suburban, and rural areas allow more and more Spanish instructors to connect to those communities and students to learn from them. *Comunidades* allows us to teach within that reality, not just teach about it.

What Is Community Service Learning?

Definitions may vary, but for this text, there are three fundamental components to CSL.

- **Create a mutually beneficial relationship between the students and the community partners.** Students should use their knowledge of Spanish and Latino cultures in order to fulfill a need within an organization. Students might work with Spanish speakers in schools, social service agencies, or many other types of programs. The *Comunidades* Instructor's Resource Manual provides a step-by-step guide to setting up and maintaining these relationships.

- **Tie students' community service learning to the academic content of the course.** When students work with the Latino community, they automatically communicate in Spanish, experience the culture, compare their experiences, and connect to their previous learning—all of the 5 Cs (ACTFL's standards for foreign language learning). However, students need to prepare before they go out to the community and debrief when they come back. Therefore, each lesson in *Comunidades* gives students the necessary tools to communicate with members of Latino communities and better understand those interactions on a sociocultural level.

- **Integrate student reflection throughout the community service learning experience.** Reflection in *Comunidades* is consistent with the "4 Cs" of reflection: continuous, connected, challenging, and contextualized.* Each lesson contains activities that invite reflection, and the online resources provide prompts for reflective essays. Reflection, then, is varied in mode (oral and written) and length (brief activities and longer essays).

Highlights of *Comunidades: Más allá del aula*

- **Bridges community and classroom.** Lessons are easy to follow and help students work in the community more effectively and with greater insights.

- **Builds real-world language skills.** Vocabulary and grammar exercises are presented within the contexts students actually encounter in the community and for tasks they need to do.

- **Connects CSL work to broader social issues.** Doing quality Spanish CSL builds students' sense of civic engagement, especially when they can see immigration, education, and social services as tied to larger policy issues.

- **Enhances students' confidence and independence.** Each lesson gives students concrete linguistic and cultural information to use in the community and the critical thinking skills necessary to work in a professional, culturally appropriate way.

Organization

The materials within *Comunidades* have been classroom tested over several years. During that time, each lesson was created to meet specific student needs—both linguistic and cultural—that they themselves identified when reflecting on their challenges in the community. Within the lessons, the activities ask students to relate a topic to their own lives and then broaden their analysis to the community context. Likewise, each unit is structured to give students the skills they need, when they need them. **Unit 1** explains the pedagogy of CSL so that students understand why this course is so different from others. **Units 2 and 3** provide practice with the language, culture, and professional knowledge students need to be effective in a school setting or an office. **Unit 4** moves students beyond the specific tasks of their work in the community to broader issues within U.S. Latino communities. Finally, **Unit 5** asks students to reflect on their learning and the impact of their work in the community.

Online Resources

The Companion Website™ has the following features:

- Video clips and audio files help students' listening comprehension.

- Links to websites expand students' learning beyond the classroom and the local community.

- Reflection prompts ask students to tie the topic of each lesson to what they are observing in the community.

---

*Eyler, Giles & Schmiede, *A Practitioner's Guide to Reflection in Service-Learning*, 1996.

Instructor's Resource Manual

Spanish CSL requires a different kind of setup and administration than a traditional course. The Instructor's Resource Manual includes:

- Guidelines for establishing and maintaining community partnerships that are mutually beneficial.

- A template for building a wiki that allows students to independently select a community partner, determine their work schedule, and log their hours and/or schedule their work.

- Forms and contracts that clearly communicate students' responsibilities.

- Sample syllabus, testing program, answer key, and scripts for listening comprehension activities that guide the curriculum from the semester's beginning to its end.

Acknowledgments

These materials would not exist without the honesty and goodwill of all my students, community partners, colleagues, and TAs —in particular: Darcy Lear, Guadalupe Abreu, José Miguel Lemus, Munia Cabal, Marcos Campillo, Hector Barajas, and Roy Álvarez. The support I have received from my friends and colleagues at the University of Illinois at Urbana-Champaign has been invaluable. My sincere gratitude goes to Donna Binkowski for her insight, experience, and trust; *Comunidades* is a much better book because of her and the work of María F. García, Manuel Echevarria, Meriel Martínez, Gayle Unhjem, and Sarah Sticklemaier at Pearson Education, Inc. I would also like to thank Natalie Hansen, Production Editor, and our other partners at Black Dot Group for their careful and professional editing and production services. And to my family—Francesco, Marco, Giulia, Beniamino, Ruth Ann, and Lethi—thank you for everything.

In addition, I would also like to express my sincere appreciation to the following reviewers for their valuable suggestions during the preparation of *Comunidades*.

Kathleen Ganley, University of Minnesota

Darcy W. Lear, University of North Carolina at Chapel Hill

Frances Matos-Schultz, University of Minnesota

Comunidades

MÁS ALLÁ DEL AULA

UNIDAD UNO

¿Qué se puede aprender al trabajar
en la comunidad? Como estudiante de
español, tus metas son aprender a
hablar mejor el español y saber más
sobre las culturas latinas. Si trabajas
con hispanohablantes, seguro que al-
canzarás esas metas más fácilmente.
Pero ¿qué más se puede aprender en
la comunidad? Esta foto muestra el
trabajo en equipo, algo que será importante para tu futuro profesional.

Introducción al curso

En breve

¿Cómo se llama la comunidad donde vives? ¿De qué comunidades eres miembro? Parecen ser preguntas muy simples, pero como veremos a través de este libro, las respuestas pueden ser más complejas de lo que pensamos.

¿Y cómo es una clase? En una clase de aprendizaje en la comunidad, traspasamos las paredes del aula y rompemos la burbuja que frecuentemente existe entorno a un campus universitario. La clase se crea con otros miembros de la comunidad.

Al ir más allá del aula, hablamos español directamente con hablantes nativos. La información que intercambiamos es útil e importante para aprender y contribuir a la comunidad. El lenguaje que se escucha no es el español pulido de los libros de texto, sino la lengua viva de la gente. Y el contenido del curso consiste en los temas que surjan en la comunidad y las preguntas que tengan los estudiantes, no solamente lo que presente un libro o lo que decida un/a profesor/a.

En esta primera unidad se presentan los conceptos básicos de un curso de aprendizaje en la comunidad en español. Va a ser una clase emocionante y un reto a la vez. En la **Lección 1**, tendrás que decidir si estás listo/a para aprender en la comunidad. En la **Lección 2**, aprenderás la importancia de los nombres propios y cómo presentar a otros, tanto en el aula como en la comunidad. La **Lección 3** presenta las características fundamentales y las metas de un curso de aprendizaje en la comunidad. Finalmente, en la **Lección 4**, se analiza por qué los estudiantes de una segunda lengua, especialmente el español, pueden beneficiarse tanto del aprendizaje en la comunidad.

CONTENIDO

L ección

¿Deberías tomar este curso?

Muchos estudiantes desconocen el método de enseñanza que se llama "aprendizaje en la comunidad" y por eso en esta lección vas a evaluar cuánto sabes ya de este método, qué tipo de cursos te gusta tomar y qué tipo de estudiante eres. Todo eso te llevará a tomar una decisión: ¿estás listo/a para comprometerte con el trabajo y la gente en la comunidad?

Actividad 1-1

¿CUÁNTO SABES YA DE ESTE CURSO?

¿Te matriculaste alguna vez en una clase porque la descripción te interesó pero luego el curso resultó muy diferente de lo que pensabas? Vamos a ver si tus expectativas concuerdan con la descripción de este curso.

Paso 1. ¿Cómo escogiste este curso? ¿Consultaste algo o a alguien? Para cada fuente de información, explica qué información te dio. Puedes escribir "ninguna" si es el caso.

Fuente	Idea relacionada con este curso
el catálogo de cursos de la universidad	
un consejero académico	
otro/a estudiante que ya tomó el curso	
este/a profesor/a	
otro/a profesor/a	
los comentarios en RateMyProfessors	
un anuncio sobre el curso	
otra/s fuente/s:	

Paso 2. Compara tus respuestas con las de un/a compañero/a y completa la frase.

Nuestras conclusiones sobre el curso son ❑ iguales ❑ similares ❑ muy diferentes.
Tu profesor/a va a corregir cualquier malentendido.

Actividad 1-2

¿TE GUSTA TOMAR UN PAPEL ACTIVO O PASIVO EN TUS CURSOS?

Paso 1. Todas las clases y los profesores son diferentes y al estudiante le toca adaptarse, ajustar sus expectativas o evitar ciertos cursos. Escucha las siguientes descripciones sobre varios tipos de cursos en una universidad. Luego marca e escribe tus respuestas.

He tomado una clase así.	Me gustó.	Explica.
1. Sí / No	Sí / No	
2. Sí / No	Sí / No	
3. Sí / No	Sí / No	
4. Sí / No	Sí / No	
5. Sí / No	Sí / No	
6. Sí / No	Sí / No	

De estos tipos de cursos, ¿cuál/es se asemeja/n más a este curso? Como es el principio del curso, si te falta información, hazle preguntas a tu profesor/a.

En una clase de arte, ¿preferirías estudiar fotos del arte mural o crear un mural?

Paso 2. Comparte tus respuestas con un/a compañero/a. Luego completa esta frase.

Parece que a _____ (nombre de tu compañero/a) le gustan los cursos (similares a / diferentes de) este curso.

Paso 3. Según las preferencias de tu compañero/a, ¿qué le aconsejas sobre este curso? Luego comparte el consejo que escribiste.

MODELO: Le aconsejo que busque otro curso, uno más tradicional.

Le aconsejo que _____

_____

_____

Actividad 1-3

¿ERES UN/A ESTUDIANTE RESPONSABLE EN EL AULA Y EN LA COMUNIDAD?

 Paso 1. Escucha las siguientes afirmaciones e indica tu nivel de acuerdo o desacuerdo con cada una.

	No estoy de acuerdo.	Me da igual.	Sí, estoy de acuerdo.
1.			
2.			
3.			
4.			
5.			
6.			

 Paso 2. Lee las respuestas de un/a compañero/a. Luego, marca una de las frases.

En cuanto al trabajo en una clase normal...

❑ los dos somos estudiantes muy responsables.
❑ mi compañero/a es más responsable que yo.
❑ yo soy más responsable que mi compañero/a.
❑ los dos somos bastante irresponsables.

Las responsabilidades de este curso van más allá de las de un curso normal. Es decir, todos ustedes formarán parte del equipo de la organización donde trabajen. Esas organizaciones, sus empleados y sus clientes dependen del trabajo de ustedes.

 Paso 3. Las siguientes situaciones son ejemplos de las experiencias y/o acciones de algunos estudiantes en cursos similares a éste. Tal vez tú también tengas que enfrentar situaciones parecidas. En grupos de tres o cuatro, decidan qué se debe hacer en cada situación.

	La situación	¿Qué hacer?
1.	Recibiste varios mensajes pidiéndote que fijaras tu horario para trabajar en la comunidad, pero todavía no lo has hecho.	
2.	Trabajas los lunes con niños en una escuela. Varias veces durante el semestre, ellos no tienen clases los lunes.	
3.	Te enfermas.	
4.	Se enferma tu supervisor/a.	
5.	Trabajas los viernes. Quieres salir de la universidad el jueves antes de las vacaciones de primavera/el Día de Acción de Gracias.	

La situación	¿Qué hacer?
6. Llegas a tu trabajo en la comunidad, pero la oficina está cerrada y no hay nadie.	
7. Nieva o llueve mucho. No quieres caminar/manejar/tomar el autobús en esas condiciones.	
8. Algunas veces llegas diez minutos tarde al trabajo, pero tu supervisor/a no parece molestarse.	
9. Trabajas con niños y a veces tu supervisor/a te deja a solas con ellos mientras él/ella va a hacer fotocopias.	

Algunos de estos problemas tienen una solución clara; otros dependen de tu buen juicio. Tu profesor/a explicará qué hacer y cómo reaccionar frente a una situación inesperada.

Actividad 1-4

¿ES ESTE CURSO PARA MÍ?

 Paso 1. Escucha la siguiente información orientativa. Explica por cuánto tiempo y con qué frecuencia se tiene que trabajar en la comunidad durante este curso.

A finales del semestre, ¿cuántas horas en total se debe haber trabajado? _____

_____

_____

Paso 2. ¿Estás preparado/a para trabajar esas horas en la comunidad? Ese trabajo puede ser una experiencia positiva, emocionante y conmovedora, pero también habrá días en que te sientas cansado/a, tengas mucha tarea, llueva fuerte, no entiendas el español de un cliente, etc. Sin embargo, tus responsabilidades en la comunidad tienen prioridad. Reflexiona por un momento sobre los requisitos de esta clase e indica qué vas a hacer.

❑ Quedarme. Sé lo que significa tomar este curso y pienso comprometerme con la comunidad y con el curso.
❑ Quedarme. No estoy totalmente seguro/a de cómo va a ser la clase, pero estoy listo/a para hacer lo que sea.
❑ Quedarme. Es muy difícil entrar en una clase de español y no quiero dejarla por eso.
❑ Pensarlo más. Tengo que revisar de nuevo mi horario y quizá consultar con otros estudiantes que ya tomaron la clase o que están más informados que yo.
❑ Dejar la clase. Pensaba que me iba a gustar la clase, pero al pensarlo mejor, no.
❑ Dejar la clase. No tenía ninguna idea de que la clase iba a ser tan diferente.
❑ Otra decisión: _____

L ección ¿Nos conocemos?

2

En la comunidad es importante recordar y utilizar los nombres de todas las personas para demostrar respeto y tener un trato profesional. Es igual en el aula. Todos los estudiantes en esta clase forman parte de un equipo. Necesitan ayudarse, informarse y apoyarse para poder presentar una imagen unida y positiva a la comunidad. En esta lección, llegarás a conocer mejor a tus compañeros, determinarás si puedes hablar de manera formal e informal con las personas en la comunidad y aprenderás a presentarte y a presentar a otros. Tratarás con mucha gente durante esta clase. ¡Es preciso tratar bien a todos!

Actividad 2-1

¿QUIÉNES SOMOS?

¿Estabas prestando atención cuando tu profesor/a saludaba a los estudiantes y pasaba lista? ¿Conoces ya a algunos de los estudiantes en esta clase? Haz una lista de todos los nombres de tus compañeros que recuerdes.

_____

_____

_____

_____

_____

_____

¿Quién escribió más nombres? _____

¿Quién escribió menos nombres? _____

Actividad 2-2

¿CÓMO DEBEMOS PRESENTARNOS EN LA COMUNIDAD?

Al hablar con hispanohablantes en la comunidad, es buena idea tratar a todos los adultos de usted. Ellos te dirán si prefieren que les trates de tú. Según la variedad de español que hablan, es posible que ellos también te traten de usted o de vos.

 Paso 1. Escucha las siguientes presentaciones. Luego escoge la respuesta correcta.

	Formal	Informal	No sé.
1.	❏	❏	❏
2.	❏	❏	❏
3.	❏	❏	❏
4.	❏	❏	❏
5.	❏	❏	❏
6.	❏	❏	❏

Paso 2. Muchas veces, los estudiantes de español han tenido pocas oportunidades de tratar a alguien de usted por eso se sienten inseguros al usar este trato. Otros no sienten ninguna incomodidad al usarlo. ¿Y tú? Indica cómo te sientes cuando necesitas hablar con alguien en español y tratarle de usted.

1. _____ Me siento muy cómodo/a. Trato de usted a muchas personas y lo hago sin ningún problema.
2. _____ Me siento bastante cómodo/a. De vez en cuando trato a alguien de usted y no tengo problemas.

3. _____ No me importa. Nunca he pensado en esto.

4. _____ Me siento bastante incómodo/a. Casi nunca he tratado a alguien de usted y por eso no conozco muy bien las formas gramaticales.

5. _____ Me siento muy incómodo/a. Trato de evitar hablar con las personas mayores o estar en situaciones formales porque no sé usar las formas gramaticales de usted.

¿Cuál enunciado representa la opinión de la mayoría de los estudiantes?

5 / 4 / 3 / 2 / 1

Paso 3. ¿Cómo tratarías a estas personas?

1. tu supervisor/a en la organización comunitaria donde trabajas	tú / usted
2. un cliente que parece tener tu misma edad	tú / usted
3. una niña en la escuela primaria donde trabajas	tú / usted
4. la rectora de la escuela donde trabajas	tú / usted
5. la hija adolescente de un cliente en la organización comunitaria donde trabajas	tú / usted
6. una madre joven de un niño en el kinder donde trabajas	tú / usted

Paso 4. ¿Cómo presentarías a estas personas? Lee las presentaciones y marca el pronombre indirecto correcto.

1. Señor Ansola, (le / les) presento a la Señora Katerina Ortega Ugalde.
2. Katerina, (le / les) presento a Jennifer y Rita.
3. Robi y Rita, (le / les) presento al Sr. Casabianca.
4. Sr. Casabianca, (le / les) presento a los Señores Fernández.
5. Damas y caballeros, (le / les) presento al ganador del premio Kopels de este año, la Dra. Antonia García López.

Actividad 2-3

¿CÓMO PRESENTARNOS EN EL AULA?

Paso 1. Para conocer a una persona hay que saber más que su nombre. En parejas, preséntense, charlen un rato y apunten la siguiente información.

Mi compañero/a se llama: _____

Información de interés sobre él/ella: _____

_____

_____

Paso 2. Ahora, cada uno presenta a su compañero/a a otros miembros de la clase.

¿Podemos decir que todos nos conocemos?   ❏ Sí   ❏ No

Paso 3. Muchas personas que trabajan en una oficina o tienda tienen que llevar una tarjeta de identificación. ¿Por qué? Cuando trabajas en la comunidad es importante que otros puedan ver tu nombre escrito. Completa estas frases.

1. Es importante que llevemos una tarjeta de identificación cuando trabajamos en la comunidad para que nuestros supervisores _____

_____

2. Puede que los clientes quieran ver nuestros nombres para _____

_____

Estos jóvenes no llevan una tarjeta con su nombre, pero se identifican por la camiseta que usan. Si participas en un evento donde hay una muchedumbre, ¿por qué es importante llevar ropa que te identifique?

L ección 3

¿Qué es el aprendizaje en la comunidad?

En años recientes, 55% de los jóvenes estadounidenses han prestado servicio. Pero el voluntariado no es exactamente igual al método de enseñanza que se llama "aprendizaje en la comunidad", porque este último está estrechamente ligado a un componente académico. En esta lección vamos a ver cómo se aprende en general, cuáles son las metas del aprendizaje en la comunidad y qué obligaciones tienen algunos universitarios latinoamericanos con la comunidad.

Actividad 3-1

¿CÓMO APRENDISTE...?

No todo se aprende en un aula. No todo se estudia para fines académicos. Y no siempre nos acordamos de todo lo que hemos estudiado. Si algo te interesa, ¿eres capaz de esforzarte para aprenderlo? ¿Prefieres que la gente te diga cómo hacer algo, ver el proceso en un video o simplemente intentar hacerlo tú mismo/a? Veamos cómo y por qué aprendemos —o no aprendemos— ciertas cosas.

 Paso 1. Entrevista a un/a compañero/a sobre los siguientes temas y marca sus respuestas.

¿_____ (nombre de tu compañero/a) aprendió...?

1. los nombres de todos los presidentes de EE.UU.	Sí / No / Todavía se acuerda. / Se le olvidaron.
2. la fórmula para calcular los ángulos de un triángulo	Sí / No / Todavía se acuerda. / Se le olvidó.
3. a andar en bicicleta	Sí / No / Todavía se acuerda. / Se le olvidó.
4. a escribir mensajes instantáneos	Sí / No / Todavía se acuerda. / Se le olvidó.
5. a diferenciar entre los pronombres directos e indirectos en español	Sí / No / Todavía se acuerda. / Se le olvidó.
6. a tocar un instrumento	Sí / No / Todavía se acuerda. / Se le olvidó.
7. los países y las capitales de toda Latinoamérica	Sí / No / Todavía se acuerda. / Se le olvidaron.
8. a conducir un coche	Sí / No / Todavía se acuerda. / Se le olvidó.
9. a cocinar	Sí / No / Todavía se acuerda. / Se le olvidó.
10. a usar Facebook, MySpace u otro programa semejante	Sí / No / Todavía se acuerda. / Se le olvidó.

Resultados

¿Hay algo que todos han aprendido? _____

¿Hay algo que a todos se les ha olvidado? _____

Paso 2. ¿Qué conclusiones podemos sacar del **Paso 1**? Según tu opinión, indica si cada frase es cierta o falsa.

No se nos olvidan las cosas que aprendemos...

1. para un examen.	Cierto / Falso
2. para ayudar a otros.	Cierto / Falso
3. porque insisten otros.	Cierto / Falso
4. porque nos gusta hacerlas.	Cierto / Falso
5. si luego nunca las usamos.	Cierto / Falso
6. si luego las usamos a menudo.	Cierto / Falso
7. porque las memorizamos.	Cierto / Falso
8. si las experimentamos directamente.	Cierto / Falso

Actividad 3-2

¿CÓMO SE APRENDE CON APRENDIZAJE EN LA COMUNIDAD?

Vocabulario temático

aprendizaje en la comunidad (*community-based learning; service learning*)
el servicio
prestar servicio
la caridad
hacer un trabajo voluntario
los estudiantes voluntarios
el voluntariado
una organización sin fines de lucro
ONG (organización no gubernamental)
el servicio social
la educación bilingüe
reflexionar (**OJO:** reflexionar y reflejar no son sinónimos)
materias (*academic subjects*; por ejemplo, "historia" es una materia*)*

Paso 1. Lee esta definición de aprendizaje en la comunidad.

El contenido académico del curso se conecta con el servicio que los estudiantes prestan en la comunidad. Se forma una relación de beneficio mutuo cuando los estudiantes aprenden a la misma vez que contribuyen algo de valor a la comunidad. Los estudiantes reflexionan sobre su aprendizaje en la comunidad durante todo el curso.

 En parejas, busquen en el programa de este curso (*syllabus*) las características del aprendizaje en la comunidad y completen las siguientes oraciones.

Las características del aprendizaje en la comunidad que vemos en el programa del curso son:

_____

_____

_____

Las preguntas que tenemos sobre el aprendizaje en la comunidad y este curso son:

_____

_____

Paso 2. Lee las metas del método "aprendizaje en la comunidad" y marca las que representen también metas y valores tuyos.

Que los estudiantes...

❏ 1. contribuyan con algo de valor a la comunidad.
❏ 2. reflexionen sobre sus experiencias en la comunidad.
❏ 3. usen sus conocimientos y habilidades académicos en situaciones no-académicas.
❏ 4. vayan más a allá de lo que se enseña en la universidad, haciendo que el aprendizaje pase de los límites del salón de clase.
❏ 5. valoren a otras personas y otros grupos.
❏ 6. sientan un mayor compromiso con la comunidad.
❏ 7. practiquen sus capacidades de liderazgo.
❏ 8. ayuden a construir buenas relaciones entre la universidad y la comunidad.

Paso 3. ¿Se pueden lograr esas mismas metas con otros métodos de enseñanza? Indica tu opinión.

Esas metas se pueden conseguir también con...

1. una serie de conferencias (*lectures*) de un/a profesor/a a centenares   Sí / No
   de estudiantes.
2. las conferencias del profesorado y clases más pequeñas con un/a asistente.   Sí / No
3. una clase de 20 a 30 estudiantes con un/a profesor/a.   Sí / No
4. un curso totalmente por internet.   Sí / No
5. un curso con clases regulares y tareas y pruebas por internet.   Sí / No
6. los laboratorios.   Sí / No
7. las prácticas (*internships*).   Sí / No

Actividad 3-3

¿QUÉ MÁS SE PUEDE HACER CON EL APRENDIZAJE EN LA COMUNIDAD?

 Paso 1. En grupos, piensen en cómo se puede usar el aprendizaje en la comunidad en otras materias.

Materia	Aprendizaje en la comunidad
Veterinaria	Jugar con los animales y cuidarlos en una organización de protección a animales, visitar escuelas para educar a los niños sobre el cuidado de mascotas, trabajar en una clínica local.
Biología	
Márketing	
Otra materia:	

¿Hay algunas materias en que sería imposible incorporar el aprendizaje en la comunidad?

Al trabajar en un huerto como estas muchachas, ¿de qué materias se podrían aprender conceptos?

CW **Paso 2.** El aprendizaje en la comunidad se usa no sólo en diversas materias sino también en muchas partes del mundo. Para ver ejemplos de aprendizaje en la comunidad en Latinoamérica, visita la página www.pearsonhighered.com/comunidades y sigue los enlaces para el servicio comunitario en Latinoamérica. En unas cuantas frases, compara esos programas con este curso. Usa las siguientes construcciones: más que / menos que / tan(to) como.

_____

_____

_____

_____

_____

_____

_____

CW **Paso 3.** Algunos países obligan a los estudiantes universitarios a prestar servicio en la comunidad. Visita la página www.pearsonhighered.com/comunidades y sigue los enlaces para la ley del servicio comunitario. Después de ver la información, completa los siguientes enunciados.

Creo que una ventaja de obligar a los estudiantes a hacer el servicio comunitario es

_____

_____

Creo que una desventaja de obligar a los estudiantes a hacer el servicio comunitario es

_____

_____

Creo que se debe obligar a todos los estudiantes en nuestra universidad a prestar servicio
  en la comunidad antes de graduarse.   ❑ Sí   ❑ No
Creo que se debe obligar a todos los estudiantes de español en nuestra universidad a
  prestar servicio en la comunidad antes de graduarse.   ❑ Sí   ❑ No

Lección 4

¿Por qué aprender el español en la comunidad?

En EE.UU., no todas las lenguas se prestan al aprendizaje en la comunidad. El español, sí, porque se habla en muchas partes de EE.UU. y el número de hispanohablantes está en auge. Por eso, tanto los estudios en el extranjero como el aprendizaje en la comunidad son dos opciones viables para poder "vivir" el español. En esta lección identificarás los requisitos del aprendizaje de una segunda lengua para ver si es posible combinar dos métodos eficaces: el aprendizaje en la comunidad y los estudios en el extranjero.

Actividad 4-1

¿CÓMO SE APRENDE UNA SEGUNDA LENGUA?

Paso 1. Según estudios realizados, la enseñanza de una segunda lengua debe incluir "las cinco C". Lee esta información del American Council on the Teaching of Foreign Languages sobre lo que deberían hacer los estudiantes en una clase en que se estudia una lengua extranjera.

Comunicación

- Los estudiantes conversan, proveen y obtienen información, expresan sentimientos y emociones, e intercambian opiniones.
- Los estudiantes comprenden e interpretan la lengua escrita y hablada sobre una variedad de temas.
- Los estudiantes presentan información, conceptos e ideas sobre una variedad de temas a un público de oyentes o lectores.

Culturas

- Los estudiantes demuestran que entienden las relaciones entre las prácticas y las perspectivas de la cultura que se estudia.
- Los estudiantes demuestran que entienden las relaciones entre los productos y las perspectivas de la cultura que se estudia.

Conexiones

- A través de la segunda lengua, los estudiantes refuerzan y aumentan su conocimiento de otras materias/disciplinas.
- Los estudiantes adquieren información y reconocen puntos de vista distintos que sólo se pueden acceder a través de la segunda lengua y sus culturas.

Comparaciones

- Los estudiantes demuestran que entienden la naturaleza de "lenguas" en general a través de comparaciones con su propia lengua y la lengua que se estudia.
- Los estudiantes demuestran que entienden el concepto de "culturas" a través de comparaciones con su propia cultura y las que se estudian.

Comunidades

- Los estudiantes usan la lengua adentro y afuera de la escuela.
- Los estudiantes usan la lengua para razones personales, demostrando que estudiarán siempre la lengua aun cuando dejan de ser estudiantes.

¿En cuáles de estos contextos se pueden lograr las cinco C?

	Comunicación	Culturas	Comparaciones	Conexiones	Comunidades
una clase tradicional	❑	❑	❑	❑	❑
el extranjero	❑	❑	❑	❑	❑
el aprendizaje en la comunidad	❑	❑	❑	❑	❑

Paso 2. Entrevista a un/a compañero/a y pídele ejemplos de actividades que ha hecho en sus clases de español que corresponden a las cinco C.

Comunicación: _____

_____

Culturas: _____

_____

Comparaciones: _____

_____

Conexiones: _____

_____

Comunidades: _____

_____

Actividad 4-2

¿CÓMO SE APRENDE EN EL EXTRANJERO?

Paso 1. Habla con alguien en la clase que haya estudiado en el extranjero y pídele ejemplos de las cinco C en sus experiencias. Toma apuntes.

_____

_____

_____

_____

_____

_____

_____

Paso 2. Considerando tus propias experiencias en el extranjero y/o las de tus compañeros de esta clase, completa estas frases.

El aprendizaje en la comunidad es similar a los estudios en el extranjero porque…

_____

_____

Estudiar en el extranjero es una experiencia única porque…

_____

_____

En algunas partes de Latinoamérica, la educación y los conceptos de responsabilidad, comunidad y justicia social están mucho más entrelazados que en EE.UU. ¿Qué podemos aprender de ellos?

Actividad 4-3

¿QUÉ SE PUEDE HACER PARA MEJORAR EL APRENDIZAJE?

Se puede aprender mucho en la comunidad y en el extranjero, pero gran parte depende de la determinación del estudiante. En el aula, tu profesor/a prepara la clase y te ayuda a aprender. En la comunidad y en el extranjero, el aprendizaje es mucho menos estructurado, lo cuál significa que tú tienes que tomar la iniciativa y crear tu propia experiencia. Veamos cómo lo puedes lograr.

 Paso 1. Escucha las siguientes situaciones de ocho estudiantes. Decide en dónde están y marca la respuesta correcta.

	En la comunidad	En el extranjero	Los dos
1.	❑	❑	❑
2.	❑	❑	❑
3.	❑	❑	❑
4.	❑	❑	❑
5.	❑	❑	❑
6.	❑	❑	❑
7.	❑	❑	❑
8.	❑	❑	❑

Paso 2. Con un compañero, escoge dos de los problemas presentados en el **Paso 1.** Denles a los estudiantes un consejo para mejorar su situación para poder aprender más. Usen la frase "le recomendamos que" y recuerden usar el subjuntivo.

> **MODELO: Al estudiante con pocos amigos hispanohablantes le recomendamos que busque un grupo relacionado con uno de sus pasatiempos para poder conocer a más gente y hacer amistades.**

1. _____

_____

2. _____

_____

Paso 3. Visita la página www.pearsonhighered.com/comunidades, sigue los enlaces al portal The International Partnership for Service-Learning and Leadership y completa las siguientes frases.

Creo que la combinación de trabajo en la comunidad y los estudios en el extranjero es buena idea porque...

_____

_____

Pero podría ser problemático porque...

_____

_____

Actividad concluyente

¿BLOGUEAS TÚ?

¿Conoces a alguien que escribe en un blog? Los blogueros escriben por diferentes motivos, entre ellos, para compartir experiencias y reflexionar sobre ellas. Ya que la reflexión tiene un papel tan importante en el aprendizaje en la comunidad, vamos a ver si los blogs pueden ser una herramienta útil para este curso.

Paso 1. ¿Conoces el vocabulario de los blogs? Empareja cada palabra con su definición.

Término	Definición
1. _____ bloguear	a. Un post. Un blog se compone de muchos posts individuales.
2. _____ bloguero	b. Escribir en un blog.
3. _____ bitácora	c. El acto de añadir un nuevo post al blog.
4. _____ entrada/actualización	d. Sinónimo de blog. Viene del nombre de los cuadernos de los navegadores.
5. _____ actualizar	e. La persona que lee el blog.
6. _____ seguidor	f. La acción de pasar una foto desde tu computadora a tu blog.
7. _____ enlace	g. La persona que escribe en el blog.
8. _____ subir una imagen	h. La información que te permite llegar de una página web a otra con un click.

Paso 2. Visita la página www.pearsonhighered.com/comunidades y sigue los enlaces a los blogs estudiantiles. Compara los posts de los estudiantes en EE.UU. con los de los estudiantes en el extranjero. Usa algunas de estas frases.

Mis experiencias son similares a / diferentes de las de [nombre] porque...
Me gusta que... / No me gusta que...
Me gustaría... / No me gustaría...
No puedo creer que...

_____
_____
_____
_____
_____
_____
_____
_____
_____
_____
_____

Paso 3. Ahora que has leído los posts de otros estudiantes, ¿te gustaría escribir en un blog sobre tus experiencias en la comunidad? A algunas personas no les gusta la naturaleza pública de un blog. (Y si escribes sobre tus experiencias en la comunidad, es importante que no divulgues nunca ninguna información privada de los miembros de la comunidad.) Pero a otras personas sí les gusta la idea de compartir sus experiencias de esta forma y formar un diálogo con los seguidores. Pon en orden los pasos para escribir en un blog.

Orden	Acción
1. _____	a. Responder a los comentarios de tus seguidores.
2. _____	b. Escribir una entrada.
3. _____	c. Crear tu cuenta con un proveedor de blogs (por ejemplo, www.blogger.com
4. _____	o www.bitacoras.com).
5. _____	d. Publicar la entrada.
6. _____	e. Leer los comentarios de los seguidores.
	f. Subir una foto o un video a la entrada que acabas de escribir.

Paso 4. No todos los blogs son diarios para los pensamientos personales del bloguero; algunos ofrecen información útil sobre un tema específico. Visita la página www.pearsonhighered.com/comunidades y sigue los enlaces a "blog de inmigrantes".

Lee los posts y analiza su contenido. Contesta estas preguntas.

1. ¿Qué información es útil para los inmigrantes recién llegados?

_____

_____

2. ¿Qué información es útil para los inmigrantes que ya llevan un tiempo en el lugar?

_____

_____

3. ¿Qué información falta en tu opinión?

_____

_____

4. ¿Qué tipo de inmigrante va a leer un blog?

_____

_____

5. Si escribieras un post para los inmigrantes latinos en tu comunidad, ¿sobre qué escribirías?

_____

_____

Como se ha visto en esta **Unidad 1,** el aprendizaje en la comunidad es un método eficaz de aprender una segunda lengua y otras materias, se usa en muchas partes del mundo y puede enriquecer los estudios en el extranjero. Para que tu propia experiencia en la comunidad sea provechosa, en las próximas unidades se hablará de cómo contribuir a las tareas específicas de varios tipos de organizaciones comunitarias.

REUNIÓN DE ORIENTACIÓN

Nombre: _____

Escribe tres oraciones breves sobre la información más esencial que aprendiste en la reunión de orientación.

1. _____

_____

_____

2. _____

_____

_____

3. _____

_____

_____

Trabajo en _____ (nombre de la organización).

My signature and that of my supervisor certify that I attended the orientation program for training to do my community service learning work in this organization.

My orientation session was on _____ at _____ am/pm.

_____

Signature of volunteer

_____

Signature of supervisor

UNIDAD DOS

Si brindas tutoría en la comunidad latina, ¿trabajas con niños, adolescentes o adultos? ¿Qué les estás ayudando a aprender? Y tú, ¿qué estas aprendiendo?

La enseñanza

En breve

En un curso de aprendizaje en la comunidad, tenemos que responder a las necesidades de esa comunidad. Y con frecuencia son las escuelas que más necesitan a personas capaces de hablar en español con sus estudiantes. ¿Cómo es la instrucción para estudiantes hispanohablantes en EE.UU.? ¿Qué necesitan saber los estudiantes en un curso de aprendizaje en la comunidad para poder brindar tutoría en las escuelas de manera eficaz? En esta segunda unidad veremos algunas respuestas a esas preguntas. Los estudiantes que trabajan en las escuelas con hispanohablantes notan similitudes y diferencias con sus propias experiencias. Notan también que todos los niños son capaces de aprender mucho pero que no todos tienen las mismas oportunidades.

En la **Lección 1** de esta unidad, aprenderás qué decir para dirigir y controlar a un grupo de niños; no los puedes ayudar sin un control mínimo en el aula. En la **Lección 6,** se examinará el papel de la cultura en la educación de todos. Las matemáticas es una asignatura muy importante en las escuelas, así que la **Lección 7** cubre los números y los cálculos. Para trabajar bien dentro de la escuela, hay que entender qué método de enseñanza emplean los maestros y por qué; al terminar la **Lección 8,** podrás identificar el modelo que se usa en tu comunidad. En la última lección en esta unidad, vemos cómo responden (o no) las escuelas a las necesidades de los estudiantes con dificultades, ya sean problemas de aprendizaje, de integración social o de trauma familiar.

Trabajar con jóvenes hispanohablantes en una escuela es una oportunidad para enseñar y aprender a la misma vez. Pero aunque no trabajes en una escuela, los conceptos de esta unidad —mandatos, números, cálculos, educación y cultura— son temas que tocan cada faceta de nuestras vidas.

CONTENIDO

Lección 5

¿Eres mandón/mandona si usas mandatos?

Los mandatos se enseñan en el primer semestre de español, así que lo que presenta esta lección no es nada nuevo. Sin embargo, en una clase de español, los estudiantes usan los mandatos con poca frecuencia. En la comunidad, es todo el opuesto. Te dirán qué hacer y tú también tendrás que decirles a otros qué hacer. En esta lección, repasarás las formas de los mandatos, verás cómo mantener la disciplina en un aula con niños y aprenderás a dar mandatos sin ofender. Ahora, practiquemos.

Actividad 5-1

¿CÓMO SE LES INDICA A OTRAS PERSONAS QUÉ HACER?

Como estudiante, seguro que tus profesores te dan muchos mandatos. Por ejemplo: "Lean el capítulo cinco y vengan a la clase el miércoles con comentarios." "No coman durante la clase." "Pasen por mi despacho si tienen preguntas sobre el examen." ¿Qué más? Es también igual para los estudiantes más jóvenes. Veamos algunos ejemplos.

 Paso 1. Lee los siguientes mandatos y decide el lugar donde se usan.

Mandatos para los estudiantes voluntarios	¿En qué lugar?
1. Contesten el teléfono.	escuela / oficina / los dos
2. Sean respetuosos con todos.	escuela / oficina / los dos
3. No sean desordenados.	escuela / oficina / los dos
4. Hagan lo que les diga el maestro/la maestra.	escuela / oficina / los dos
5. Pregúntenle a su supervisor/a si hay algo especial que hacer.	escuela / oficina / los dos
6. Saluden al entrar y despídanse al salir.	escuela / oficina / los dos
7. No les den las respuestas a los niños; ayúdenles a entender el concepto.	escuela / oficina / los dos
8. Entretengan a los niños mientras los papás consultan con los empleados.	escuela / oficina / los dos

 Paso 2. Escucha los siguientes mandatos y decide a quiénes van dirigidos.

1. a estudiantes universitarios / a estudiantes más jóvenes / los dos
2. a estudiantes universitarios / a estudiantes más jóvenes / los dos
3. a estudiantes universitarios / a estudiantes más jóvenes / los dos
4. a estudiantes universitarios / a estudiantes más jóvenes / los dos
5. a estudiantes universitarios / a estudiantes más jóvenes / los dos
6. a estudiantes universitarios / a estudiantes más jóvenes / los dos

Paso 3. Con los niños en la escuela hay que mantener la disciplina. Para cada oración, indica con qué tipo de estudiante se usaría.

1. Siéntense y presten atención.	con niños tremendos / con todos los niños
2. ¡Basta! ¡No hablen cuando hablo yo!	con niños tremendos / con todos los niños
3. No se peguen.	con niños tremendos / con todos los niños
4. ¡Chsss! Silencio. Mírenme. ¡Oigan! ¡Chsss!	con niños tremendos / con todos los niños
5. Saquen un lápiz y abran los libros a la primera página.	con niños tremendos / con todos los niños
6. Bórrenlo e inténtenlo otra vez.	con niños tremendos / con todos los niños

¿Cómo se están comportando estos niños? ¿Te parece que la muchacha que brinda tutoría tiene buen control de la situación?

Actividad 5-2

¿CÓMO SE DA INSTRUCCIONES A LOS ESTUDIANTES?

Al trabajar con niños y adolescentes en la escuela, hay que mantener un balance. Tienes que demostrar que no eres uno de ellos, pero también tienes que saber decirles qué hacer sin ofender.

Paso 1. A continuación, hay una lista de varias frases que te pueden ayudar en el manejo de la disciplina de la clase/tutoría y en cómo dar instrucciones generales a la clase. Asocia cada frase con el contexto adecuado.

1. Concéntrate.   manejo de disciplina / instrucciones académicas
2. Escucha las instrucciones.   manejo de disciplina / instrucciones académicas
3. Siéntate, guarda silencio y pon   manejo de disciplina / instrucciones académicas
   atención.
4. Abre el libro en la página 67.   manejo de disciplina / instrucciones académicas
5. Resuelve el ejercicio.   manejo de disciplina / instrucciones académicas
6. Levanta la mano para hablar.   manejo de disciplina / instrucciones académicas

Paso 2. Decide si es de buena o mala educación dar estos mandatos a los jóvenes en una escuela.

1. Cállate.   buena educación / mala educación / depende
2. Estáte quieto/a.   buena educación / mala educación / depende
3. Sé bueno/a.   buena educación / mala educación / depende
4. No seas malo/a.   buena educación / mala educación / depende
5. Vete para el rincón y siéntate ahí.   buena educación / mala educación / depende
6. Sal de ahí.   buena educación / mala educación / depende
7. No vayas al baño ahora. Espera   buena educación / mala educación / depende
   hasta el descanso.
8. Basta ya. Suéltalo.   buena educación / mala educación / depende

A veces lo que consideramos de buena o mala educación depende del contexto cultural. Por ejemplo, en España es normal decirle al camarero "Ponme una soda". En otros contextos culturales, eso suena demasiado brusco. ¿Qué diferencias culturales has notado en tu trabajo en la comunidad en cuanto a la manera de hablar?

_____

_____

_____

_____

_____

_____

_____

_____

Actividad 5-3

¿PUEDES MANDAR?

En la comunidad hablarás con muchas personas, a veces usando tú, otras veces usted o ustedes ¿Sabes reconocer y usar los mandatos en todos esos contextos? Veamos.

Paso 1. Escucha los siguientes mandatos e indica a quién o quiénes van dirigidos. ¿Es difícil distinguir?

1. tú / Ud. / Uds.
2. tú / Ud. / Uds.
3. tú / Ud. / Uds.
4. tú / Ud. / Uds.
5. tú / Ud. / Uds.
6. tú / Ud. / Uds.
7. tú / Ud. / Uds.
8. tú / Ud. / Uds.

Paso 2. Volvamos a la pregunta inicial: ¿Eres mandón/mandona si das mandatos?

❑ No, de ninguna manera. Los mandatos son una parte normal del comunicarse con otros.
❑ No, porque si nadie manda es un caos.
❑ Depende del tono que usas.
❑ Depende del contexto cultural en que te encuentras.
❑ Un poco. Es mejor decir las cosas de otra manera.
❑ Definitivamente sí. No me gusta que nadie me dé órdenes.
❑ Otra respuesta: _____

_____

L ección 6

¿Sabemos cómo trabajar en la comunidad de manera culturalmente apropiada?

"La educación en lengua materna es un derecho universal". UNESCO

La cultura está presente en todo, incluyendo la educación. A veces es obvio, pero otras veces es tan sutil que no lo notamos hasta que nos chocamos con las creencias o prácticas de otras culturas. En esta lección analizarás cómo ha influido la cultura en tu educación, compararás tus experiencias con las de estudiantes en otros países y considerarás cómo puedes trabajar en la comunidad y respetar la cultura de todos.

Actividad 6-1

¿HA INFLUIDO LA CULTURA EN TU EDUCACIÓN?

Algunos piensan que la cultura se manifiesta en cosas subjetivas —literatura, arte, historia, etc.— y no en materias supuestamente objetivas —ciencias, matemáticas y geografía—. Veamos si "los hechos" también conllevan ideas culturales.

 Paso 1. Primero, escribe los nombres de todos los continentes como los aprendiste en la escuela. Después, escucha la narración de Luisa Elena sobre lo que aprendió acerca de los continentes cuando estudió en Costa Rica. Luego, contesta la pregunta.

Escribe los nombres de todos los continentes.

_____

_____

¿Cuántos continentes hay? Ahora creo que hay _____ continentes porque

_____

_____

No es necesario cambiar tus ideas, pero sí es importante tener presente siempre que no todos ven el mundo —literal y figurativamente— como tú.

Paso 2. La cultura se manifiesta tanto en lo que se enseña como en la manera de enseñar. Indica de qué son ejemplos las siguientes situaciones.

1. Cuando el/la maestro/a habla, los muchachos tienen que mirarle a los ojos para demostrar respeto. En otras culturas es lo opuesto.
   lo que se enseña / cómo sc cnseña / los dos

2. En EE.UU. se enseña que Alexander Graham Bell es el inventor del teléfono, pero en 2002, el Congreso de EE.UU. reconoció oficialmente que Antonio Meucci lo inventó primero.
   lo que se enseña / cómo se enseña / los dos

3. En EE.UU. se considera información privada las notas de los estudiantes. En otros países se pone en la pared una hoja con los nombres de los estudiantes y sus notas. También las notas se leen en voz alta en frente de todos los alumnos.
   lo que se enseña / cómo se enseña / los dos

4. En algunos países el maestro escoge a un alumno cuando quiera, le pide que se levante y le hace una serie de preguntas difíciles. En otras culturas se busca siempre a un estudiante "voluntario" y las pruebas se anuncian casi siempre de antemano.
   lo que se enseña / cómo se enseña / los dos

5. En los libros de texto estadounidenses se habla de la guerra hispanoamericana. En España muchas veces se le llama "el desastre de 1898" o "la guerra de Cuba". Un nombre que se escucha en Cuba es "la guerra hispano-cubano-norteamericana".
   lo que se enseña / cómo se enseña / los dos

6. Gertrudis Gómez de Avellaneda es autora de *Sab* y otras obras. Algunos textos se refieren a ella como escritora cubana y otros como española.
   lo que se enseña / cómo se enseña / los dos

7. La perspectiva de los indígenas casi nunca se enseñaba en los textos de historia de EE.UU.; ahora un poco más.
   lo que se enseña / cómo se enseña / los dos

8. Los alumnos estadounidenses casi siempre asisten a la escuela de lunes a viernes y comen en la escuela. En otras culturas se asiste a escuela de lunes a sábado hasta la hora de comer, cuando todos se van para la casa.
   lo que se enseña / cómo se enseña / los dos

¿Conoces otros ejemplos de diferencias culturales en las escuelas?

 Paso 3. La cultura en la enseñanza también define el papel de los padres en la instrucción de los hijos y su relación con los profesores y administradores. En grupos, determinen qué se espera de los padres en las escuelas estadounidenses.

MODELO: En las guardarías se espera que los padres participen en las excursiones de sus hijos, que les lleven un pastel para el cumpleaños y que dediquen tiempo cada noche para leerles un libro.

	Papel de los padres
escuela primaria	
escuela secundaria	
universidad	

Estas reglas culturales no están escritas en ninguna parte. ¿Cómo pueden enterarse los padres lo qué se espera de ellos? ¿Qué problemas puede haber para los padres y para sus hijos si no se comportan según las normas culturales estadounidenses?

En muchas partes del mundo se piensa que es muy importante que los padres lean con sus niños en casa. ¿Pero qué pasa con los padres que trabajan de noche? ¿Qué pueden hacer los padres que no saben leer inglés? ¿O su propio idioma? ¿Qué leerán los padres que no tienen libros en casa? ¿O los que viven en pueblos sin biblioteca?

Actividad 6-2

¿QUÉ EFECTO TIENE LA CULTURA EN LA EDUCACIÓN DE LOS ESTUDIANTES LATINOS EN EE.UU.?

Conocer las diferencias culturales es una manera de ampliar nuestra visión del mundo. Pero también puede ser una fuente de malentendidos a nivel personal y educativo. ¿Te ha pasado alguna vez? Veamos algunos ejemplos.

 Paso 1. Escucha las opiniones que formaron algunas personas que trabajaron con niños latinos en la escuela y contesta las siguientes preguntas.

¿Estás de acuerdo con las conclusiones a que llegaron estas dos personas?   Sí / No / Sí y No

¿Qué factores culturales pueden haber influido en estas dinámicas?

_____

_____

_____

_____

Paso 2. Las notas en la escuela no reflejan necesariamente todo lo que sabe un estudiante. Lee las siguientes anécdotas y marca las frases apropiadas.

1. En la tienda de ropa, una madre latina y su hija de cinco años hacen fila para pagar algunas prendas. La cajera de la tienda escanea los precios de la ropa y le comunica oralmente en inglés el precio total a la madre. La madre mira a la niña y la niña le dice en español el precio. La madre tiene una pregunta sobre el monto total y le pide a la niña que le pregunte a la cajera. La niña pregunta en inglés y aclara la duda para su madre.

2. Cuando llegan las facturas de las cuentas de las tarjetas de crédito, un niño de 11 años tiene que aclarárselas a sus padres. El niño le explica a su padre cada una y todas las instancias en que usó el crédito. A su madre le escribe los cheques y hace otras transacciones bancarias. También les traduce la correspondencia de pago de impuestos.

En estas anécdotas se ve que los niños latinos en EE.UU....

- ❏ fuera del ámbito escolar, viven experiencias matemáticamente ricas.
- ❏ adquieren destrezas de operaciones matemáticas básicas.
- ❏ aprenden destrezas de resolución de problemas.
- ❏ utilizan las matemáticas para resolver problemas de comunicación.
- ❏ necesitan resolver problemas que requieren mucha madurez.
- ❏ pueden sentir mucha responsabilidad.

Paso 3. Lee lo siguiente y luego contesta la pregunta.

Estas destrezas prácticas no se comparan necesariamente con el desempeño académico de estos mismos niños que pueden realizar transacciones comerciales pero bien no pueden saberse las tablas de multiplicar. Estos estudiantes son perfectamente capaces de realizar operaciones matemáticas en otro nivel distinto del académico. Se puede decir que la función de ustedes como tutores es ayudar para que estos escolares sean exitosos en sus interacciones sociales diarias y al nivel escolar. Hay que borrar el estereotipo de que el estudiante latino es "deficiente", cuando esta deficiencia bien puede deberse a la posibilidad de que no comprenda un concepto si éste le es explicado en una lengua diferente a la materna.

Si trabajas en una escuela o con niños, ¿qué importancia tiene tu trabajo en comunidad? ¿Cómo vas a enseñar o brindar tutoría a los niños latinos en una forma culturalmente apropiada? Si tu trabajo en la comunidad es otro, ¿cómo puedes aplicar estos conceptos culturales a tu trabajo?

Actividad 6-3

¿QUÉ EFECTO TIENE LA CULTURA EN LA INTEGRACIÓN DE LOS ADULTOS LATINOS EN EE.UU.?

Hemos analizado la cultura en la enseñanza, pero la cultura está en todo. Pensemos ahora en los choques culturales que pueden ocurrir en cualquier contexto.

Paso 1. Indica si estas situaciones serían para ti un choque muy fuerte o no tanto. Usa esta escala:

1 Eso para mí es normal.	2 Me gustaría.	3 Me daría igual.
4 Me molestaría.	5 Me molestaría mucho.	

Si vas a un lugar donde...

1. todas las personas se saludan con un beso en la mejilla.   1 / 2 / 3 / 4 / 5
2. se come carne de caballo, cuy, conejo, serpiente u otro animal   1 / 2 / 3 / 4 / 5
   que consideres "exótico".
3. los hombres piropean a las mujeres; ¡o viceversa!   1 / 2 / 3 / 4 / 5
4. uno no puede ducharse cuando quiera porque hay una sequía.   1 / 2 / 3 / 4 / 5
5. las mujeres no pueden llevar pantalones.   1 / 2 / 3 / 4 / 5
6. se cena a las 22:00.   1 / 2 / 3 / 4 / 5
8. se usa más la bicicleta que el auto.   1 / 2 / 3 / 4 / 5

Compara tus respuestas con las de tus compañeros.

CW

Paso 2. Visita la página www.pearsonhighered.com/comunidades, sigue los enlaces para "Choques culturales al llegar a otro país" y apunta tus reacciones.

1. Me sorprende que _____

_____

2. Nunca había pensado en _____

_____

3. Esto podría explicar una cosa que he notado en mi trabajo en la comunidad:

_____

4. Yo ya sabía que _____

_____

Paso 3. Los ejemplos que hemos visto en esta actividad son bastante inofensivos. Sin embargo, los choques culturales pueden llevar a conflictos serios: malentendidos, brechas en una relación o incluso un rechazo total. ¿Qué estrategias podemos usar para manejar los conflictos culturales?

Buena idea	Mala idea	Estrategia
❑	❑	1. Intenta hablar francamente con la persona con quien has tenido un conflicto o malentendido.
❑	❑	2. Lee una lista de las reglas de conducta de la otra cultura.
❑	❑	3. Pide consejos a una persona que tenga más experiencia que tú con la otra cultura.
❑	❑	4. Observa cómo las personas de la otra cultura se comportan en una situación igual a la que te causó el problema.
❑	❑	5. Reflexiona sobre tus propias ideas culturales y cómo podrían haber contribuido al conflicto o malentendido.
❑	❑	6. Pide disculpas aunque no entiendas del todo qué hiciste para ofender.
❑	❑	7. Decide que si nadie te explica exactamente cuál fue el problema, tú no puedes hacer nada.

Cómo manejas el conflicto también está determinado en parte por la cultura. Hay culturas e individuos que prefieren usar un modo directo para resolver problemas; otros, un modo indirecto. Algunos pueden percibir las ofensas como personales. En otras culturas, si insultas a una persona, también has insultado a todo el grupo al que pertenece (por ejemplo, toda su familia).

Lección 7

¿Es la matemática nuestro fuerte?

Una de las primeras cosas que aprendiste en español fueron los números. Pero al trabajar en la comunidad, nos toca usar los números en contextos y para fines que no se suelen usar en el aula. Por eso, en esta lección repasarás los números, estudiarás cómo se usa la matemática adentro y afuera de la escuela, y verás que la cultura influye también en la matemática.

Actividad 7-1

¿CÓMO SE ESCRIBEN LOS NÚMEROS?

Los números cardinales se usan para expresar cantidades.

Del 16 al 30: Se escriben en una sola palabra.
Ejemplos: dieciséis, veintidós.
Del 31 al 99: Se escriben en palabras separadas.
Ejemplo: treinta y uno.
Del 100 al 900: Se escriben en una sola palabra.
Ejemplo: novecientos, ciento noventa y cinco.

¿Por qué es importante saber escribir los números? Si trabajas en una escuela, escribir los números en palabras puede ser una tarea normal. Si trabajas en una oficina, tendrás que escribir los números en palabras en los talones de cheques y otros documentos oficiales. ¿Alguna vez en tu trabajo en la comunidad has visto los números escritos en palabras en español?

Paso 1. Indica qué palabra va con el número arábigo.

1. _____ cincuenta y uno   a. 60
2. _____ veintiséis   b. 19
3. _____ diecinueve   c. 500
4. _____ setecientos veintidós d. 72
5. _____ setenta y dos   e. 26
6. _____ sesenta   f. 722
7. _____ quinientos   g. 51

En muchas escuelas se les enseñan a los niños los conceptos básicos de la matemática con objetos concretos. ¿Así aprendiste tú?

Paso 2. Escucha las siguientes cantidades. Primero, escribe la cantidad con números arábigos y luego escríbelos con palabras.

MODELO: 156 = ciento cincuenta y seis

1. _____

2. _____

3. _____

4. _____

5. _____

6. _____

Paso 3. Los números ordinales se usan tanto con escolares como en una oficina. Indica en qué contexto se usarían estas frases.

1. Andy, ve a ayudar a esa niña, la de la segunda fila, quinto pupitre.	escuela / oficina / los dos
2. Usted es el quincuagésimo cliente del día.	escuela / oficina / los dos
3. En la competencia estatal de atletismo, nosotros "los Lobos" quedamos en undécimo lugar. Felicidades al entrenador Valderrama y a todos los atletas.	escuela / oficina / los dos
4. Entiendo que tiene mucha prisa, pero usted es la tercera en la lista. No tardaremos en llamarla.	escuela / oficina / los dos
5. Abran los libros en el vigésimo primer capítulo.	escuela / oficina / los dos
6. Este es el noveno semestre que mandamos a los estudiantes de español a trabajar en la comunidad.	escuela / oficina / los dos
7. Tengo que buscar la carpeta tuya en nuestros archivos. ¿Cómo te llamas? Abasolo, Joaquín. ¡Qué fácil —será la primera!	escuela / oficina / los dos
8. Esta es la vigésima vez que mandamos reparar la fotocopiadora este año. Hay que comprar una nueva.	escuela / oficina / los dos

Actividad 7-2

¿HEMOS USADO LA MATEMÁTICA HOY?

Paso 1. El lamento constante de los estudiantes de matemática es: ¡nunca voy a tener que usar esto en el mundo real! Sin embargo, la usamos constantemente en nuestras vidas. Indica qué expresión matemática refleja cada situación.

1. Tienes una clase a las diez. Sales de tu casa, miras el reloj y son las 9:58. Corres porque esa profesora te quita puntos por llegar tarde.

2. Saliste a cenar y la cuenta es $12.00. Quieres dejar una propina de 20%. ¿Cuánto pagas en total?

3. Invitas a dos amigos a tomar un café. Ellos piden capuchinos al precio de $3.25 y tú pides un café normal que vale $1.50. ¿Cuánto pagas? (**OJO:** ¿Sabes qué significa "invitar" en este contexto?)

4. En una prueba sacas un 21 sobre 25.

a. $12 + (12 \times .2)$
b. $60 - 58$
c. $21/25$
d. $2(3.25) + 1.50$

Para el número 4, ¿qué nota sería?　　　❑ A　　　❑ B　　　❑ C

Paso 2. Como acabamos de ver, la matemática es un constante en nuestras vidas. ¿Cómo se comparan las dificultades de no poder leer (ser analfabeto) y no entender los conceptos básicos de matemática?

Actividad 7-3

¿CÓMO SE DICE *BILLION* EN ESPAÑOL?

Incluso en una asignatura aparentemente "objetiva" como la matemática, hay diferencias culturales. Por ejemplo, la cultura de occidente utiliza el sistema a base de 10, pero otras culturas han percibido las cosas a base de 12, 7, etc. Ningún sistema es mejor que otro; son simplemente diferencias culturales. Otro ejemplo es el uso de puntos y de comas. El número 13,004.25 está escrito "en inglés" mientras 13.004,25 es el mismo número pero escrito "en español". ¿Conoces otras diferencias culturales en la matemática?

Paso 1. Escucha los siguientes números y escríbelos. Despues, contesta la pregunta.

1. _____

2. _____

3. _____

4. _____

5. _____

6. _____

¿Cómo se dice *billion* en español? _____

Paso 2. Escucha los siguientes problemas matemáticos. Resuelve cada uno y escribe las respuestas. Antes de comenzar, repasa el vocabulario a continuación.

Sumar. ¿Qué son dos y dos? ¿Cuánto es dos más dos? ¿Cuánto suman dos más dos? Si a dos le sumo dos, ¿cuánto me da? La suma de dos más dos es igual a cuatro.

Restar. ¿Qué son tres menos dos? ¿Cuánto es tres menos dos? Si a tres le resto dos, ¿cuánto me queda? Si a tres le resto dos, me queda uno.

Multiplicar. ¿Qué son tres por tres? ¿Cuánto es tres por tres? ¿Cuánto es tres multiplicado por tres? Tres por tres da nueve.

Dividir. ¿Qué es tres dividido por tres? ¿Cuánto es tres entre tres? ¿Cuánto es tres dividido entre tres? El resultado de dividir tres entre tres es uno. Tres dividido entre tres da uno.

1. _____

2. _____

3. _____

4. _____

5. _____

6. _____

¿Cuántos contestaste bien? _____/6 = _____ %

Paso 3. También se necesita saber los números y hacer cálculos para resolver algunos problemas en una oficina. Lee y haz los siguientes cálculos.

1. Una clienta, Joaquina, tiene preguntas sobre el testamento de sus padres en Honduras porque según las instrucciones de sus padres los hijos heredan cosas diferentes según su fecha de nacimiento. José Manuel nació en 1945, Joaquina en 1952 y Josefina en 1939.

¿Quién es el mayor? ¿Quién es el menor? _____

2. Se te presenta un matrimonio que necesita ayuda con sus impuestos. Los ingresos de él son 18.664. Los de ella son 9.004. Tienen que pagar el 12 por ciento del total.

¿Cuánto tienen que pagar? _____

3. Una señora de 71 años quiere saber si puede recibir el seguro social de su ex-marido. La ley dice que sí se puede si el matrimonio duró por lo menos 10 años y tienes por lo menos 62 años y no te has vuelto a casar. Ellos se casaron el 15 de marzo de 1958 y se divorciaron el 31 de noviembre del 1968. Ella nunca se volvió a casar.

¿Puede ella recibir el seguro social de él? _____

4. Hay alguna confusión con la cuenta corriente de un cliente. En enero le llegó una factura de $231,71. Ese mes sólo le alcanzaba para pagar $100. En febrero le llegó una factura de $336,43: $198,13 para el nuevo mes, $131,71 del mes anterior y $6,59, el equivalente del 5% de lo que se había dejado sin pagar.

¿Es correcta la factura? _____

5. Un día de abril, te llama un cliente y te cuenta con mucha rabia cómo lo tratan en la fábrica donde trabaja. Un ejemplo son los días de vacaciones. Según las reglas de la fábrica, todos reciben un día de vacaciones por cada año trabajado. Además ganan un día adicional cada tres meses (pero esos días son válidos sólo para ese año; no se acumulan). Dice que empezó a trabajar ahí en 2003, pero el año pasado sólo le dieron 10 días de vacaciones.

¿Es injusto? _____

En conclusión, ¿es la matemática uno de tus fuertes?   ❏ Sí   ❏ No

Lección 8

¿Sabemos diferenciar entre inglés como segunda lengua y la educación bilingüe?

Como estudiante del español, sabes que el proceso de aprender una segunda lengua puede ser arduo y placentero a la misma vez. ¿Es así también para los latinos que aprenden inglés en EE.UU.? En esta lección analizarás tus propias experiencias con el español, las compararás con las de los inmigrantes que tratan de aprender el inglés y estudiarás los varios métodos que se usan en las escuelas para enseñar a estudiantes que hablan otras lenguas.

Actividad 8-1

¿ES FÁCIL APRENDER OTRA LENGUA?

Empezamos por analizar cómo aprendieron ustedes a hablar español. Luego, veremos varios métodos para enseñar a los hispanohablantes (y hablantes de otras lenguas) en EE.UU.

Paso 1. Entrevista a tu compañero/a y apunta sus respuestas.

Nombre: _____

1. ¿Cómo aprendió el español?

   ❑ en casa   ❑ en la escuela   ❑ con parientes   ❑ con amigos
   ❑ en un país hispanohablante   ❑ con clases particulares   ❑ en el trabajo
   ❑ en internet   ❑ otro/s método/s: _____

2. ¿Cuánto tiempo lleva hablando/aprendiendo el español? _____

3. ¿Se considera bilingüe?

   ❑ sí   ❑ casi   ❑ no   ❑ no es bilingüe, es polígloto/a

4. Si no se considera bilingüe, ¿cómo puede llegar a serlo?

   ❑ es imposible   ❑ tomar más clases   ❑ hablar más con hablantes nativos
   ❑ vivir en un país hispanohablante   ❑ otra/s idea/s:

   _____

5. ¿Por qué cree que es importante hablar bien el español? _____

   _____

Paso 2. La inmigración es un tema candente en el discurso político, en los medios masivos, y entre la gente común y corriente. Algunas personas consideran la lengua materna de los inmigrantes como una barrera en vez de una oportunidad. Lo que sí es cierto es que aprender una nueva lengua no es tarea fácil. Indica si los siguientes factores facilitan o dificultan el aprendizaje del inglés de los inmigrantes e identifica un factor más que hayas observado durante tu trabajo en la comunidad.

Factor	Lo facilita	Lo dificulta	Explica
1. su horario de trabajo	❑	❑	
2. su edad	❑	❑	
3. el contacto con angloparlantes	❑	❑	
4. su nivel de educación en su primera lengua	❑	❑	
5. el cuidado de los niños y/u otros parientes	❑	❑	
6. el miedo	❑	❑	
7. Otro:	❑	❑	

Paso 3. Pensando en las experiencias tuyas con el aprendizaje del español y las de tu compañero/a, escribe un párrafo en que opinas si es justo esperar que todos los inmigrantes aprendan bien el inglés.

_____

_____

_____

_____

_____

_____

_____

_____

Actividad 8-2

¿QUÉ ES "EDUCACIÓN BILINGÜE" E "INGLÉS COMO SEGUNDA LENGUA"?

Paso 1. El aprendizaje en la comunidad es un método de enseñar el español, pero hay muchos más. De la misma manera, hay varios métodos para enseñar el inglés a estudiantes que hablan otras lenguas. Lee la descripción de cada modelo y contesta las preguntas. Estos modelos sirven para cualquier lengua, pero hablaremos sólo del inglés y del español.

En los programas de educación bilingüe, los estudiantes se instruyen en dos lenguas: español e inglés. En los programas de inglés como segunda lengua, la instrucción es totalmente en inglés. A veces un/a maestro/a de inglés como segunda lengua divide su tiempo entre varias escuelas.

1. **Educación bilingüe de dos vías.** Estudiantes angloparlantes e hispanoparlantes están en la misma clase. Se enseña en las dos lenguas. Los estudiantes angloparlantes aprenden español del maestro y de sus compañeros hispanoparlantes; los estudiantes hispanoparlantes aprenden inglés del maestro y de sus compañeros angloparlantes.

2. **Educación bilingüe de salida tardía.** Los estudiantes hispanoparlantes están en clases donde se enseña las materias principalmente en español al principio para luego emplear más el inglés.

3. **Educación bilingüe de salida temprana.** Los estudiantes hispanoparlantes están en una clase donde se usa español para enseñar cómo leer o para clarificar ciertas cosas. Después de uno o dos años, toda la instrucción es en inglés.

4. **Inglés como segunda lengua (ESL). Clases de ESL.** Se enseña el inglés como una materia a los estudiantes en la clase.

5. **ESL "pull-out".** Los estudiantes asisten a clases en inglés con angloparlantes, pero para una parte del día salen de sus clases normales para asistir a clases en que se les enseña el inglés.

1. ¿Qué programa te parece el mejor?   1 / 2 / 3 / 4 / 5

2. ¿Cuál te parece el más costoso?   1 / 2 / 3 / 4 / 5

   ¿El menos costoso?   1 / 2 / 3 / 4 / 5

3. ¿Qué programa sería mejor para una comunidad donde hay gente   1 / 2 / 3 / 4 / 5
   de muchas partes y que habla muchas lenguas?

4. ¿Qué programa te parece más apropiado para una escuela primaria?　　1 / 2 / 3 / 4 / 5
　¿Para una escuela secundaria?　　1 / 2 / 3 / 4 / 5

5. ¿Qué programa te parece más difícil de implementar en una　　1 / 2 / 3 / 4 / 5
　comunidad donde hay tensiones entre gente que habla lenguas
　diferentes?

6. ¿Qué programa/s se usa/n en la comunidad donde trabajas para　　1 / 2 / 3 / 4 / 5
　este curso?

 Paso 2. Con una pareja, comparen sus experiencias con el aprendizaje del español y los programas descritos en el **Paso 1.**

Semejanzas: _____

_____

_____

Diferencias: _____

_____

_____

Si estos dos niños sólo asisten a esta aula para recibir clases de inglés, ¿en qué tipo de programa participan?

Actividad 8-3

¿POR QUÉ PROVEER PROGRAMAS DE EDUCACIÓN BILINGÜE O DE INGLÉS COMO SEGUNDA LENGUA?

Paso 1. La educación bilingüe trata de enseñarle al niño una nueva lengua y mantener la lengua materna a la misma vez. Sabemos muy bien por qué es una buena idea aprender la lengua del país donde vives, a pesar de las dificultades. Pero ¿por qué es importante mantener tu primera lengua? Indica con qué frases estás de acuerdo.

❏ 1. Para tener más oportunidades laborales.
❏ 2. Para poder pasar la lengua materna a la próxima generación.
❏ 3. Para poder ayudar a otros inmigrantes que hablan la misma lengua.
❏ 4. Para seguir en contacto con la cultura del país natal: películas, programas en televisión, novelas, periódicos, etc.
❏ 5. Para seguir en contacto con amigos y parientes en el país natal.

❏ Otra razón: _____

CW **Paso 2.** Visita la página www.pearsonhighered.com/comunidades, sigue los enlaces al video sobre la educación bilingüe, míralo y completa estas frases.

La información que comparte esta maestra me hace pensar en _____

_____

_____

Creo que una educación bilingüe (es / no es) una buena idea para la comunidad latina

aquí porque he notado _____

_____

_____

Paso 3. Lee esta carta al editor de un periódico y contesta las preguntas.

¿Por qué sólo algunos reciben una educación bilingüe?

Miércoles 7 de marzo 2009

Soy madre de dos niños en la escuela MLK. Hay mucho que alabar en la escuela: el programa de música es excelente, los maestros son preparados y dedicados, los resultados de los exámenes nacionales son altos. Sin embargo, la escuela tiene un gran problema: la segregación.

Los niños latinos reciben clases en español, y todos los otros niños las reciben en inglés. Como los estudiantes están todo el día en aulas separadas, también se separan ellos mismos en la cafetería, durante el recreo —realmente en todos momentos. Eso es segregación racial.

A mí me gustaría que mis hijos aprendieran el español. ¿Por qué no ponerlos todos juntos para el bien de todos? Si las cosas siguen así, muchos padres van a sacar a sus hijos de MLK y ponerlos en las escuelas privadas que siguen creciendo cada año y que enseñan español empezando en kindergarten.

Alicia Chapman Novakofski

1. ¿Cuál es el programa actual en MLK?
   ESL "pull-out" / Educación bilingüe de salida tardía / Educación bilingüe de dos vías

2. ¿Esta madre solicita qué programa para MLK?
   ESL "pull-out" / Educación bilingüe de salida tardía / Educación bilingüe de dos vías

3. ¿Por qué en la carta al editor se habla de segregación? _____

_____

_____

4. ¿Cómo se compara la situación descrita en la carta con la situación que has observado

en tu trabajo en la comunidad? _____

_____

_____

Al final, ¿sabes distinguir entre los programas de inglés como segunda lengua y la educación
bilingüe? ¿Reconoces las ventajas y desventajas de cada modelo?

_____

_____

_____

_____

Lección 9

¿Responde nuestro sistema educativo a las necesidades de los estudiantes hispanohablantes?

La experiencia de un/a niño/a en la escuela puede determinar muchos aspectos de su vida adulta. Queremos que todos los estudiantes tengan éxito en la escuela, pero no siempre es fácil responder a la situación de cada individuo. En esta lección te fijarás en las necesidades de niños con discapacidades y reflexionarás sobre las dificultades académicas y sociales de algunos jóvenes latinos.

Actividad 9-1

¿QUÉ PASA EN LAS ESCUELAS CON LOS NIÑOS CON DISCAPACIDADES?

En todas partes, educar a los niños es un reto y un placer a la misma vez. Y en todas partes hay niños con discapacidades. Vamos a ver qué pasa con los niños con discapacidades en un sistema de educación bilingüe.

Paso 1. Indica si estas son discapacidades cognitivas o físicas.

1. el autismo   discapacidad cognitiva / discapacidad física
2. la ceguera   discapacidad cognitiva / discapacidad física
3. la dislexia   discapacidad cognitiva / discapacidad física
4. la parálisis   discapacidad cognitiva / discapacidad física
5. el síndrome de Down   discapacidad cognitiva / discapacidad física
6. la esclerosis múltiple   discapacidad cognitiva / discapacidad física

(**OJO:** Se recomienda usar un lenguaje de "primero la persona" (*person-first language*). Es decir, se habla de "un niño con autismo" o "una persona con dislexia" para enfatizar primero la persona, no la discapacidad.)

Paso 2. El video que vas a ver se trata específicamente del autismo. ¿Qué experiencias has tenido con personas con esta discapacidad? ¿Qué sabes de sus síntomas?

_____

_____

_____

 Paso 3. Visita la página www.pearsonhighered.com/comunidades, sigue los enlaces para el video "Niños con necesidades especiales", míralo y contesta estas preguntas.

1. ¿Pueden los niños con necesidades especiales ser bilingües?   Sí / No / Depende
2. Según Munia, si un niño con necesidades especiales vive en un entorno bilingüe, ¿debe ser este niño bilingüe?   Sí / No / Depende
3. ¿Se conoce con certeza cuántos niños latinos en EE.UU. tienen necesidades especiales?   Sí / No
4. ¿Se debe enseñar una segunda lengua a un estudiante con necesidades especiales de manera totalmente diferente de cómo se enseña a los otros estudiantes?   Sí / No
5. ¿Has visto a personas con necesidades especiales en tu trabajo en la comunidad? ¿Qué dinámica crea la discapacidad para la persona? ¿Para la familia? ¿Para otros que tratan con él/ella?

Actividad 9-2

¿TIENEN ACCESO LOS ALUMNOS LATINOS A LA TECNOLOGÍA?

El uso de la tecnología es una parte fundamental de nuestro sistema educativo. Sin embargo, no todos tienen acceso a los instrumentos tecnológicos. ¿Cómo afecta esto a los estudiantes que viven en la otra orilla de la brecha digital?

Paso 1. Indica en qué contextos se usan estas tecnologías.

Tecnología	Educativo	Social	Laboral	Todos
1. computadora	❑	❑	❑	❑
2. internet	❑	❑	❑	❑
3. base de datos	❑	❑	❑	❑
4. celular	❑	❑	❑	❑
5. cañón proyector de video y presentaciones PowerPoint	❑	❑	❑	❑
6. redes sociales (Facebook, Twitter, etc.)	❑	❑	❑	❑
7. impresora	❑	❑	❑	❑
8. sistema inalámbrico de banda ancha (*wireless broadband*)	❑	❑	❑	❑

¿Tienes acceso a todas estas tecnologías? ¿Cómo te son beneficiosos? Si un/a estudiante en la universidad no tiene acceso a todas estas tecnologías, ¿qué problemas puede tener?

Paso 2. Un estudio reciente de Pew Research Center concluye que el acceso al internet por los latinos en EE.UU. es bajo pero está creciendo rápidamente. También se sabe que el acceso es menor en zonas rurales, donde también viven mucho latinos. Para cada categoría de la siguiente lista, explica lo qué has observado en tu trabajo en la comunidad. ¿Qué pueden significar tus observaciones? ¿Es importante tener acceso a la tecnología en la escuela y en la casa?

Hardware: _____

_____

Programas de *software*: _____

_____

Acceso al internet: _____

_____

Paso 3. Las computadoras y el internet no son las únicas maneras de producir y distribuir información. Hay un campo de estudio llamado *community informatics* que se dedica a investigar cómo la información se produce y distribuye por una comunidad. ¿Cómo se informan las personas en la comunidad donde trabajas para este curso?

❑ Folletos pegados en postes, paredes, dentro de tiendas, etc.
❑ Conversaciones mientras la gente pasea o mientras la gente se encuentra en la calle, oficinas y tiendas
❑ Un periódico o programa de radio/televisión producido por la comunidad
❑ En internet: creando páginas web, mandando mensajes electrónicos, etc.
❑ En la iglesia o en el culto
❑ En una biblioteca
❑ En el parque: los mayores se reúnen a jugar a cartas, los jóvenes juegan al basquetbol, las madres charlan mientras vigilan a los niños en los columpios, etc.

❑ No sé porque sólo veo una parte muy limitada de sus interacciones cuando estoy trabajando en la comunidad.

❑ ¿Qué más? _____

¿Y en tu universidad se usan los mismos sistemas para informar e informarse?

Actividad concluyente

¿CÓMO ES LA TRANSICIÓN DE UN SISTEMA EDUCATIVO A OTRO PARA LOS INMIGRANTES ADOLESCENTES?

A continuación vas a ver dos artículos sobre alumnos latinos. Los artículos se tratan de la situación específica de dos ciudades gemelas —Champaign y Urbana— del Medio Oeste. Tienen una población combinada de un poco más de 110.000 habitantes. Hace pocos años, no había una comunidad de gente latina en la ciudad, pero en los últimos años esa población ha aumentado notablemente. La mayoría trabaja en fábricas y en la industria hotelera (restaurantes, hoteles, etc.). Los artículos fueron publicados en el periódico local como parte de una serie sobre los latinos y las escuelas.

Paso 1. Considerando las circunstancias demográficas del lugar, ¿qué información esperarías encontrar en el artículo?

Información positiva	Información negativa

¿Te parece importante que los estudiantes vean a adultos en la escuela que se parecen a ellos físicamente? ¿Que hablan con el mismo acento? ¿Que tienen algunas de las mismas prácticas culturales?

Paso 2. Lee los siguientes artículos y contesta las preguntas.

1. ¿Qué tienen en común los artículos? ¿Qué diferencias hay?

_____

_____

2. Los artículos están escritos en inglés. ¿A quién van dirigidos? ¿Qué sabes ahora que antes no sabías? ¿Qué otras fuentes de información tendrán sobre la vida de los latinos en su ciudad? ¿En general?

_____

_____

3. ¿Qué importancia tienen los títulos?

_____

_____

4. ¿Encontraste la información positiva y negativa que esperabas encontrar?

_____

_____

5. En estos artículos se usa el término "inmigrante ilegal". ¿Qué opinas de eso?

_____

_____

Paso 3. Ustedes también son bilingües o por lo menos estudiantes de una segunda lengua, como los estudiantes en estos artículos. ¿Con qué frase está de acuerdo la mayoría?

❑ Nosotros somos modelos (*role models*) para los estudiantes latinos en la comunidad. Nos ven aprender dos lenguas y quizá aprecien que nosotros también estamos haciendo un esfuerzo como ellos.
❑ Ellos son un modelo para nosotros.
❑ Es verdad que los dos grupos somos estudiantes de dos lenguas, pero nuestras circunstancias son diferentes y por eso no podemos servir de modelo para ellos.
❑ Nuestro aprendizaje de una segunda lengua no tiene nada que ver con el suyo.
❑ Otra cosa: _____

_____

Undocumented students face uncertain future

By Christine J. Won
Monday, June 18, 2007

A game of dodgeball last semester in physical education class turned foul when a boy screamed, "Protect the border! Protect the border! Kill those Mexicans!"

Maria Flores, a senior at Urbana High School, said she walked up to him and told him to say it to her face again. Then she slapped him.

"I was so mad I had tears in my eyes," she said.

Since Maria and her family came to the United States illegally from Mexico City in April 2004, Maria has struggled to be a regular student attending high school. In the fall of 2006, her father was deported when her mother was eight months pregnant with Maria's brother. Maria asked that her parents not be identified.

The 17-year-old wants to go to Parkland College after graduation. How she will pay for her college education, her family does not know. According to them, she will have to work before she can enroll in the fall.

Maria's face shows her dimples when she talks about the things she loves, such as her dreams of being an archaeologist. When she talks about the ruins of the Aztecs and Mayans, her voice fills with pride for Mexico and its culture.

"If you can see one of these ruins, you will fall in love," she said. "They are amazing."

But while most seniors in high school are worrying about graduation and college applications, Maria's future holds too many unanswered questions.

"I don't know if I can go to college or not—there's too many issues," she said. "I know my illegal status is a problem because it's very difficult to go to college without papers. I can get scholarships but not from the government, but I don't know where is the right place or the right person to talk to."

Reo Wilhour, associate director of admissions at Parkland College, said undocumented students can attend Parkland if they meet three requirements under state law.

To be eligible, students must have attended high school for at least three years and graduated. During that time, they must have lived with their parents who worked and lived in the district. The parents must sign an affidavit promising to apply for legal status as soon as they're eligible to do so.

Keith Marshall, an associate provost at the University of Illinois, said undocumented students also can apply to the UI. "University of Illinois does not consider the status of a student, whether they are documented or undocumented aliens," he said. "So they can submit an application like any other student."

A student's legal residence is not factored into the admission process other than in determining in-state or out-of-state tuition, Marshall said.

He thinks so few undocumented students attend universities because they cannot apply for federal student aid, which requires a Social Security number. "It presents a challenge to a lot of people to attend universities without any form of financial aid or inability to work or make money," Marshall added.

Maria has not yet applied to Parkland or for any scholarships. She plans to ask her guidance counselor at Urbana High School, Samuel Furrer, and university students from La Casa Cultural Latina for help.

Because Maria failed a few classes, she took Recapture, an after-school program for students who are not meeting graduation requirements.

After all the make-up work, Maria was able to finish her work and graduate with her class, and with her family watching proudly on May 27.

Though Urbana has seen an influx of elementary-age Spanish speakers, Furrer said he hasn't seen many yet at the high school level. However, Furrer said, the school has had non-native speakers "who don't have great English skills, and they have applied to college, and they have gotten in, and they have done fine."

Waunita Kinoshita, the only English as a Second Language teacher at the high school, had Maria in her class since Maria started at Urbana High. She said Maria was shy and quiet in the beginning but became more confident as she practiced talking with other students.

But Maria feels a barrier between herself and the other students at school who do not know about her family problems at home. "I don't have friends at school," she said. "I talk with everybody and have a lot of conversations, but not friends."

When she first arrived, Maria said she was frustrated because she could not express or defend herself or Mexico when other kids made fun of her or of her native country.

"It's really difficult when you move from one place to another," Maria said. "It's even more difficult when you move from a place to a different country with different language and different people."

One of the biggest shocks was the drop in her grades.

"In Mexico, I was 'smart,'" Maria said, smiling. "Really good student. When I came here (to the United States), all my grades dropped."

One of the few pictures from Mexico that Maria has now is one of her in sixth grade. She and five other classmates are standing tall, each proudly wearing a crisp white and blue uniform. It was a great honor, she said, to participate in this weekly ceremony where the students would gather on the patio and sing a hymn. As the student with the highest test scores, Maria said, she got to hold the Mexican flag.

Her mom, noticing the picture on the table one spring evening, picked it up and looked at it fondly. Maria translated that her mom, who speaks almost no English, said she was always proud of Maria because every time she'd got to talk with Maria's teachers, they would tell her what a good student she was.

Maria finished ninth grade in Mexico and came to the United States with two months of the school year left. After two months of school, she went on summer break and started her sophomore year of high school in the fall of 2004.

Maria said she failed a few classes, such as World History and Physical Science, in her first full school year in the U.S.

I didn't understand anything the teacher was saying," she said. "Other students laughed at that. It was not fun. I can't defend or protect myself. I can't do anything. That was really sad because you can't do anything. Not because you can't, but because you don't know how to do it."

Maria also lost her self-confidence.

"I can't feel sure to be in front of the class because I feel embarrassed," Maria said. "It's not the same thing, talking to one person who will be more understanding of my mistakes."

She said in Mexico she loved to sit in front of the class, to speak in front of people in Spanish. In Mexico she had taken a few English classes as a foreign language course.

"Last year in my speech class, I almost cried a few times because I can't express myself," Maria said. "I missed a lot of words and expressions."

Maria's confidence grew when she began to pick up more English from school, television and books.

Now, she is the president of the Latin American club at school and participates in marches, such as the one on May 1, rallying for illegal immigrants' rights. She also helps translate for other students. In her Pre-algebra class one April morning, Maria explained a math problem to a classmate in Spanish.

Maria is passionate about Mexico and about the current legal debate involving immigrants illegally crossing at the border.

"This country was founded by immigrants," Maria said. "(But Mexicans) are treated like criminals. Maybe the crime is trying to have a better life.

"Some people say (illegal Mexican immigrants) came to this country to take away others' opportunities," she said. "But they don't know us. They don't know about our problems. WE came to be free. They don't know we pay taxes but can't get back the money."

As she talked, her big brown eyes reddened.

"There is a lot of discrimination here, and it's hard to live in a culture like that," she said. "That's also why I want to be an archaeologist. Not only because I love it, but because I want people to know where my culture came from."

Maria said she misses Mexico.

"In Mexico, I was free," she said. "I'm not here. I watch everything but I can't go anywhere."

"I have everything around me but I can't get it."

She is worried because she does not know what will happen after high school. She does know that she does not want to be "like everybody else," she said, referring to the other illegal immigrants who work in construction or at factories or restaurants.

Maria saw what it was like inside a U.S. factory in the summer of 2005.

"That changed me. That really moved my heart," she said. "Because I saw how (the factory workers) were working really hard, how our parents are working really hard for us. I saw really old people working there, and I don't want my parents to become like that."

This is Maria's drive to succeed. "Lo que no te mata, te hace más fuerte," she said, which means, "What doesn't kill you makes you stronger."

Maria knows her future is riddled with difficulties.

One Sunday in April, Maria went to Chicago to buy her prom dress. The following Tuesday, federal police raided a shopping plaza in Little Village, the heart of Chicago's Mexican community.

"I was there," she said. "That could have been me."

Maria said obstacles always seem like the hardest thing at the time, but she believes she'll overcome them.

"Because I know myself," Maria said. "And I know when I want to do something. I don't care what will happen or what I will lose, I will do it."

News-Gazette staff writer Amy F. Reiter contributed to this report.

 Hello (Hola): Welcome to increasingly bilingual schools

By Amy F. Reiter, Christine J. Won
Sunday, June 17, 2007
Holly Hart
Third-grade teacher Maricela Corona watches as Jessica Carter reads a story on bees at Leal Elementary School in Urbana.

If it's a Friday during the school year, Iracema Clarke's students are probably speaking English.

But the signs on the wall depict two languages, and the children find Spanish worlds sneaking into English sentences as they learn about the calendar one February afternoon.

The language swapping is part of the kindergarten teacher's plan, with three days of primarily Spanish and two of English.

At Booker T. Washington Elementary School in Champaign, the goal is to get these little ones slowly comfortable speaking English, while still grasping all the concepts their native English-speaking schoolmates are learning.

"I've done it like that for years now, and it's amazing the stuff that they pick up," Clarke said.

The school's growing bilingual program—and its growing need for Spanish-speaking staff—mirrors the increasing population of Spanish speakers in Champaign and Urbana.

So the answer to "What's two plus two?" sounds different every day.

By second grade, Washington's Spanish speakers have grasped many English basics but still seem to prefer their native language.

When Marisanta Hidrogo's students struggled to answer her questions one February morning, she reassured them.

"If you feel it's hard for you," she said, "then you can tell me in Spanish."

But she also pushes her students to practice English. So when a student let loose a string of Spanish, she admonished him.

"Pedro, English," she said. "You can do it. You're bilingual."

If not bilingual, native Spanish speakers at Washington are at least on their way. In 2004, the school set up self-contained bilingual classrooms that start out mostly in Spanish and, as grade levels advance, transition into predominantly English. A pre-kindergartner's English instruction grows from 15 minutes a day to five hours of English by fifth grade.

The program has grown with the population. The number of Hispanic students enrolled in the Champaign school district jumped from 1.9 percent of the total student population in 2000 to 5.2 percent in 2006, according to the state report cards.

Population changes

In Champaign County alone, the Hispanic population rose by 22 percent between 2000 and 2005, according to the U.S. Census Bureau.

The jump in population can be attributed to a long period of relatively low unemployment rates in the United States, leading to many open positions in low-paying, hard-labor fields, like agricultural and factory workers and service staff, said Jorge Chapa, the director of the Center on Democracy in a Multiracial Society at the University of Illinois.

Chapa is also the co-author of the book *Apple Pie & Enchiladas: Latino Newcomers in the Rural Midwest*. His research indicates that more than 200,000 employers nationwide hire undocumented migrants, with generally few repercussions for the employer and few benefits for the employee. However, he said, the wages may still be greater than those found in the immigrants' native countries, attracting more immigrants.

"With low unemployment, low-paying jobs open up," Chapa said, "Migration has really greased the wheels of economic growth."

And as long as employers continue to hire illegal employees, he said, the population of Latino immigrants will probably continue to rise nationwide. "The (immigrant) workers have settled and they've often brought their families with them or have started new families here."

What that means for schools

The growing non-English-speaking student population meant that school districts needed to offer them more support, said Robin Lisboa, the division administrator of English Language Learning for the state board of education.

State law requires any school district with 20 or more students speaking the same non-English language within a school building to institute a transitional bilingual education program. For schools with fewer than 20 students of the same non-English language background, a transitional program of instruction is required.

To identify students eligible for the bilingual program, a home language survey is administered to each new family entering the school district. Once a child is determined eligible, the parents have the right to waive English as a Second Language and/or bilingual services.

Jennifer Hixon, who oversees services for non-English speakers in the Urbana school district, said about 10 percent of Spanish-speaking parents waive the services and elect to have their kids in mainstream English-speaking classes.

Sometimes parents waive language support because they don't fully understand the program and its benefits, said Lucia Maldonado, the bilingual parent-teacher liaison for the Urbana district.

The bilingual program's benefits have been proven, said Timiothy Shanahan, the panel chairman of the 2006 census report of the National Literacy Panel on Language-Minority Children and Youth, "Developing Literacy in Second-Language Learner."

One theory for the transitional bilingual program's superiority, Shanahan said, was that instruction in a student's native language raises comfort level in the classroom. "If kids don't understand English, that creates a bit of fear and anxiety," he said. "And that gets in the way of learning."

Shanahan, also a professor at the UI-Chicago, said home language instruction gave non-English-speaking kids an advantage when learning to read in English. For example, students are able to connect words in their native language to English words, so "continue" in English is an easy link from "continuar" in Spanish.

"Once an individual becomes literate in their native language," Lisboa said, "many of those literacy skills transfer to learning another, or multiple other, languages."

Inside the bilingual classroom: Champaign

Before the self-contained bilingual classrooms were introduced, students in Champaign and Urbana schools were taken out of regular classes for an hour or two every day for a lesson in English as a Second Language.

ESL classes still serve students who are not native English speakers in schools that do not have enough numbers to warrant a full-time bilingual program.

Washington's bilingual Principal Sherry Alimi said ESL "doesn't give you the best academic results in the long run for a child."

"It seems counterintuitive to think you need literacy in a first language to learn the second language faster, but it's true," she said. "Students (in the bilingual program) are studying Spanish to learn English faster."

Alimi said one proof of the method's success is that Washington's bilingual students' reading scores in Spanish and English have gone up.

Kiara Del Carpio is one student in Washington's transitional program. The second-grader came from Peru less than a year ago and found her niche in Hidrogo's class, where about two-thirds of the instruction is in Spanish and most of her classmates are nearly bilingual.

Kiara and Israel Gorza, who was sitting next to her, took turns reading out loud from an English book one morning last semester. When Kiara struggled to pronounce a word or didn't understand the meaning, Israel and others sitting at Kiara's table came to her aid.

Kiara also has other translation aids around the room. When she forgot the English word for "primavera," she looked around and found "spring" on a poster of the four seasons.

Fifth-grader Perla Zarco said if students come into class without knowing English, the classmates help them catch up. One morning in Olga Halpern's class, Zarco and her group of friends chatted in Spanish and English interchangeably. If one of them struggled to find the right English word, another jumped in and finished her sentence.

Alimi said the bilingual program improved students' self-confidence along with their academics.

"Students are not afraid to speak out in broken English, English or Spanglish," she said. "It's easier for them to be in a bilingual classroom—if the teacher sees a blank look on a student's face, he or she can reinforce (understanding) in Spanish."

Hidrogo said parents were wary of the bilingual program when it started but began to trust the method as they saw their kids improve in English.

Gregorio Garcia said his son, Cristopher, who this year was in Hidrogo's class, had kindergarten with Iracema Clarke the first year of the program and said that Cristopher's English has improved every year.

The Del Carpios, who have two children older than Kiara, said they wished the program taught more English earlier.

Jesus Yepez, a bilingual social worker for Champaign schools, said the rate and process of learning could keep improving.

"It's a program that needs more time to see the fruits," he said. "It's going to help most of the students, hopefully, to make that transition into English—for others, it's going to take longer."

Inside the bilingual classroom: Urbana

Educators in both Champaign and Urbana agree that the current bilingual program offers Spanish-speaking students a better language transition than the previous program.

Though smaller than Champaign, the Urbana school district also saw a significant increase in its Spanish-speaking student population. The population increased from 2.5 percent of the student population in 2000 to 4.5 percent in 2006, according to state report cards.

The transitional bilingual education program was introduced at Leal Elementary School in 2002.

In Maricela Corona's bilingual class one afternoon last school year, her third-graders easily read a scientific article on native bees in English and answered comprehension questions in English and Spanish.

Another benefit of the bilingual program, Leal parent Flor Cano said, was that it helped students obtain fluency in English and maintain fluency in Spanish.

The Canos moved to the U.S. from Mexico 12 years ago. Alan, now in middle school, and Vanessa, now in third grade, were both born here. Cano lamented there was no bilingual program in place until after Alan attended Leal. She is proud that Vanessa is bilingual and wishes Alan, who speaks English well, also spoke Spanish fluently.

One remedy Hixon suggested was offering Spanish heritage classes for native Spanish speakers, as English speakers have language arts.

While the transitional program works well for lessons, Leal Principal Spencer Landsman said, it has created other challenges.

There is this kind of tension between doing what's best for the kids academically—which is to provide most of their instruction in their primary language—and a desire to not have them separate from the other kids," Landsman said. "And that's something we have struggled with and something we're working on."

One building, two cultures

Principals at Washington and Leal agreed that while their bilingual services are improving, they need to work on breaking down the linguistic and classroom barriers separating the native English speakers from the native Spanish speakers.

"During recess, there's a group of Latino students here and others there—and that's a high price to pay," said Maldonado, the bilingual parent-teacher liaison for Urbana. "Students are not interacting and it's really sad."

"I always thought that only Latino parents were upset, but I realized other parents were really concerned about Latino kids being isolated and (their children) not being exposed to other cultures. It's one building, but there are two cultures. Kids see each other in the hall, but there's a line between them and we have to break that."

At both Washington and Leal, bilingual classes combine with regular classes for art, music or physical education—where language is not essential for understanding—to encourage interactive participation in compliance with state law.

Despite the teachers' and the state's efforts, students tend to stay in their social, and perhaps lingual, comfort zones with their friends when they have free time at lunch or recess.

Alimi said the lack of interaction between English speakers and Spanish speakers was not "a racial divide or a cultural divide," but simply because students generally tend to be more comfortable with their classmates.

With a few exceptions, students in bilingual classes say that all or nearly all of their friends are Spanish speakers.

In an art class in Washington, Pedro Gutierrez, one of Hidrogo's second-graders, cut triangles and rectangles as he sat across from his English-speaking art class tablemate.

Are they friends? "No, we don't play (with) each other," Pedro said.

At Washington, English speakers are also learning Spanish, with one lesson in the language a week. During an art class, student teacher Megan Huckaba used both languages to help students understand the lesson. But the lesson was mostly in English, and Spanish speakers rarely raised their hands to answer questions, though they chattered happily in both languages during project time.

At Leal, all self-contained bilingual classes are paired with an English-speaking counterpart for fine arts for half an hour four times a week. Teachers have come up with creative ideas to integrate students, such as a dual-language newspaper project.

Maldonado works on welcoming packages for Spanish-speaking families moving into the district. She seeks other ways to integrate parents as well as students into the English-speaking environment at school and in the community.

In the meantime, Clarke said she and the other bilingual teachers at Washington align their curriculum to that of English-speaking classes.

"We're not inventing anything," she said. "We do it the same, but we do it double because we're doing it in English and Spanish."

UNIDAD TRES

Al trabajar en una oficina, es preciso demostrar una actitud positiva hacia los clientes y una actitud colaboradora con los empleados. Las responsabilidades son grandes, pero también lo es el sentido de satisfacción al poder ayudar a resolver el problema de alguien, o por lo menos haberlo intentado.

Servicios sociales

En breve

La comunidad latina en EE.UU. contribuye mucho a este país: su trabajo, su conocimiento, su cultura, su lengua entre muchas otras cosas. También recibe la ayuda de varios proveedores de servicios sociales. ¿Cuáles son algunos de estos proveedores en tu comunidad? ¿A qué otros grupos sirven? ¿Qué servicios específicos proveen? Hay mucha polémica sobre los servicios que reciben los inmigrantes en proporción a sus contribuciones económicas al sistema, pero muchas veces se basa en información falsa o parcial.

Ya examinamos cómo es trabajar en una escuela en un curso de aprendizaje en la comunidad. Trabajar con un proveedor de servicios sociales en la comunidad requiere otras habilidades, otro vocabulario y conocimiento de otros temas socio-culturales. ¿Cuánto sabes de los derechos de los inmigrantes? ¿Todos los inmigrantes tienen el mismo estatus migratorio? ¿Puedes hablar por teléfono y tomar mensajes eficazmente? A veces los estudiantes que trabajan en la comunidad tienen miedo de equivocarse en este contexto. Es verdad que algunos de los asuntos que tratan estos proveedores pueden ser delicados e importantes. Pero con una buena comunicación con los empleados en el lugar donde trabajas, puedes sentirte más seguro/a. No se te olvide consultar con tu supervisor/a cuando tengas que trabajar con el número de seguridad social de un cliente.

La pregunta inicial de la **Lección 10** de esta unidad es: ¿quiénes son los inmigrantes en tu comunidad? Tu trabajo en la comunidad te habrá dado unas ideas, pero la información de esta lección te dará una perspectiva más amplia. En las **Lecciones 11, 12 y 13**, aprenderás a hacer bien las tareas típicas de cualquier oficina: hablar por teléfono, tomar recados, y llenar y archivar documentos. Además, llegarás a entender mejor la gran importancia de esas tareas para la organización donde trabajas y para sus clientes. Finalmente, la **Lección 14** explorará por qué algunas personas deciden emigrar a pesar de las dificultades con las que se encuentran.

Después de haber entendido mejor a los escolares inmigrantes, ahora exploraremos varios asuntos que tienen que ver con los inmigrantes adultos. Así tendrás un conocimiento más completo de los miembros de la comunidad en la que trabajas.

CONTENIDO

Lección

¿Quiénes son los inmigrantes en tu comunidad?

Se habla mucho de la inmigración y de los inmigrantes, pero ¿cuánto sabes realmente de las personas que vienen a vivir en este país? Dada la polémica que puede suscitar el tema, es importante estar bien informado/a. Por eso, en esta lección aprenderás los términos precisos que tienen que ver con la inmigración, examinarás las obligaciones y los derechos de los inmigrantes, y reflexionarás sobre las emociones que puede provocar tu trabajo en la comunidad.

Actividad 10-1

¿SON TODOS INMIGRANTES?

 Paso 1. ¿En qué tipo de persona piensas cuando oyes la palabra "inmigrante"? Los medios masivos tienden a hacer énfasis en un solo tipo de inmigrante, pero hay muchísimas personas que viven en EE.UU. que nacieron en un país extranjero. Entrevista a tu compañero/a para saber si conoce a inmigrantes y en qué país nacieron.

1. Sus parientes _____

_____

2. Sus amigos _____

_____

3. Sus profesores _____

_____

4. Otros estudiantes _____

_____

5. En su trabajo en la comunidad _____

_____

6. Gente profesional (médico, abogado, banquero, etc.) _____

_____

7. En otros contextos _____

_____

¿Con qué frase/s estás de acuerdo?

❏ Conocemos a muchas personas que no nacieron en EE.UU.
❏ Sólo uno de nosotros conoce a muchas personas que no nacieron en EE.UU.
❏ No conocemos a muchas personas que no nacieron en EE.UU.

Paso 2. El vocabulario que se usa para hablar de los inmigrantes puede revelar nuestras opiniones y prejuicios. Por ejemplo, en este libro usamos el término "inmigrante indocumentado" y no "inmigrante ilegal" para enfatizar que un acto puede ser ilegal, pero un ser humano no. Hay muchos términos asociados con la inmigración. Para cada término, selecciona su definición.

Término	**Definición**
1. _____ residente legal	a. Documento oficial que señala el permiso de trabajar.
2. _____ inmigrante indocumentado	b. Documento oficial que permite que uno viaje, estudie o trabaje en EE.UU. bajo ciertas condiciones y por un cierto periodo.
3. _____ refugiado	c. Víctima, o posible víctima, de persecución en su país de origen que solicita este estatus **después de llegar** al otro país.
4. _____ tarjeta verde	d. Persona que entró en el país sin los documentos oficiales; algunos dicen también "sin papeles" o "sin estatus".

Término	Definición
5. _____ naturalización	e. Persona con tarjeta verde.
6. _____ emigrar	f. Salir de su país de origen.
7. _____ asilado	g. El proceso para llegar a ser ciudadano/a.
8. _____ visado	h. Víctima, o posible víctima, de persecución en su país de origen que solicita este estatus **antes de llegar** al otro país.

Paso 3. Escucha los siguientes casos migratorios y determina qué estatus debe recibir cada uno.

1. inmigrante indocumentado / residente legal / asilado / refugiado / ciudadano
2. inmigrante indocumentado / residente legal / asilado / refugiado / ciudadano
3. inmigrante indocumentado / residente legal / asilado / refugiado / ciudadano
4. inmigrante indocumentado / residente legal / asilado / refugiado / ciudadano
5. inmigrante indocumentado / residente legal / asilado / refugiado / ciudadano
6. inmigrante indocumentado / residente legal / asilado / refugiado / ciudadano
7. inmigrante indocumentado / residente legal / asilado / refugiado / ciudadano

Actividad 10-2

¿CÓMO SE CONSIGUE UNA VISA?

Paso 1. ¿Cómo te preparas para un viaje a México o Costa Rica para pasar una semana de vacaciones? Probablemente, compruebas que tu pasaporte no está caducado, compras el boleto, haces tus maletas, sacas dinero del banco y ya está. ¿Cómo es para los latinoamericanos que quieren venir de visita a EE.UU.? Visita la página www.pearsonhighered.com/comunidades y sigue los enlaces para saber cómo conseguir una visa de turista para EE.UU. Luego, contesta estas preguntas.

1. Para solicitar una visa de turismo, hay que pasar por una entrevista con el personal de la embajada.	Cierto / Falso
2. Sólo hay que llenar un formulario.	Cierto / Falso
3. La visa es gratis.	Cierto / Falso
4. Parece ser un sistema complicado.	Cierto / Falso
5. Es más complicado venir como turista a EE.UU. que para los estadounidenses hacer turismo en El Salvador.	Cierto / Falso
6. No sabía que otros tenían que pasar por entrevista (¡y unas colas enormes!) para hacer turismo en EE.UU.	Cierto / Falso

Paso 2. Ahora veamos cómo es el proceso de solicitar una visa de trabajo para EE.UU. Visita la página www.pearsonhighered.com/comunidades y sigue los enlaces para averiguar cómo conseguir una visa de trabajo para EE.UU. Luego, completa la siguiente información.

Proceso: _____

_____

Costo: _____

_____

Cualificaciones necesarias: _____

_____

Chance: _____

_____

Otros detalles: _____

_____

Paso 3. Usando la información presentada en el **Paso 2,** contesta la pregunta que le hizo un señor a un abogado de inmigración. Tu instructor/a te leerá la respuesta del abogado para saber si acertaste o no.

Pregunta: Buenas tardes. Mi pregunta es la siguiente: soy un profesionista mexicano en el área de computación y tengo un *sponsor* que me ofrece un empleo, pero dicho empleo no es en el área que yo estudié; es un empleo en un centro de atención de llamadas. ¿Es factible que tramite una visa de trabajo aunque esté sobrecalificado para este puesto? Gracias por su atención.

Respuesta: Sí, la puede tramitar. / No, no la puede tramitar.

Actividad 10-3

¿CUÁLES SON SUS OBLIGACIONES Y SUS DERECHOS?

 Paso 1. Ahora examinaremos el caso específico de los inmigrantes indocumentados. En parejas, indiquen si la información siguiente es cierta o falsa según las leyes federales y/o estatales.

1. Tienen el deber de pagar impuestos y el derecho a un número ITIN (*Individual Taxpayer Identification Number*).   Cierto / Falso / No lo sabemos.

2. Tienen el derecho a un número de seguro social.   Cierto / Falso / No lo sabemos.

3. Tienen el derecho de recibir una licencia de manejar pero no tienen el deber de comprar seguro para su carro.   Cierto / Falso / No lo sabemos.

4. Cuando cobran en el trabajo, la gente que los emplea no tiene el deber de quitarles dinero para el Seguro Social, FICA, etc.; no contribuyen a los fondos del Seguro Social.   Cierto / Falso / No lo sabemos.

5. No tienen el derecho de recibir los beneficios del Seguro Social.   Cierto / Falso / No lo sabemos.

6. Tienen el derecho a estampillas de comida.   Cierto / Falso / No lo sabemos.

7. Tienen el derecho de participar en el programa WIC (*Women, Infants & Children*) si sus ingresos son bajos.   Cierto / Falso / No lo sabemos.

8. No tienen el deber de mandar a sus hijos a la escuela.   Cierto / Falso / No lo sabemos.

9. Tienen el derecho de votar.   Cierto / Falso / No lo sabemos.

10. No tienen el derecho de recibir atención médica en caso de una emergencia.   Cierto / Falso / No lo sabemos.

Paso 2. A continuación encontrarás una lista de servicios que ofrecen algunas organizaciones sociales a sus clientes inmigrantes. Para cada situación descrita, decide qué servicio/s ayudaría/n al cliente. Toma apuntes.

Servicios

a. Traducciones y servicios de intérprete
b. Educación sobre la cultura estadounidense
c. Clases de inglés
d. Ayuda para llenar formularios en inglés
e. Referencias a otras agencias, clínicas, profesionales, etc.

Situaciones

1. El esposo de una señora normalmente la acompaña cuando va a ver   a / b / c / d / e
   al médico. Ahora tiene una cita con el ginecólogo pero hay cierta
   información que no quiere que escuche su esposo.

2. Un señor está por comprar una camioneta usada de un vecino. El   a / b / c / d / e
   vecino le ha dado un contrato, pero hay algunos términos —como
   "*as is*"— que no entiende.

3. Una madre sospecha que su hija no le está dando toda la   a / b / c / d / e
   información que manda a casa su maestro, pero la madre no
   puede comunicarse con él.

4. Un inmigrante recién llegado de Centroamérica se siente triste,   a / b / c / d / e
   confundido y con ataques de rabia. Por las noches sueña con
   algunas escenas violentas que vivió a manos de mareros/pandilleros
   (*gang members*) en su país.

5. La policía local ha recibido llamadas de la gente quejándose de un   a / b / c / d / e
   grupo de "extranjeros" que pasa tiempo en las bancas fuera
   de un supermercado. Lo que es un delito en EE.UU. —como vagar
   y perder el tiempo (*loitering*)— a veces no lo es en otros países.

6. Después de una fuerte nevada, pasó una grúa y se llevó el auto,   a / b / c / d / e
   que estaba aparcado en la calle, de un inmigrante recién llegado
   del Caribe.

7. En un matrimonio, la esposa se ha adaptado a la nueva   a / b / c / d / e
   cultura, ha aprendido el inglés y ha hecho muchas amistades,
   pero el marido pasa la mayoría de su tiempo añorando su vida
   en su país de origen. Se están distanciando.

Sin la ayuda de un intérprete profesional, muchas veces un pariente sirve de intérprete. ¿Qué problemas puede causar eso en los siguientes contextos? Un marido traduce para su esposa en una cita con el doctor. Un niño sirve de intermediario en una reunión de sus padres y su maestra. Una hija ya adulta tiene que explicar al banquero los problemas financieros de su padre.

Actividad 10-4

¿CÓMO AFRONTAMOS LOS PROBLEMAS DE LOS CLIENTES?

Paso 1. Trabajar con clientes de un proveedor de servicios sociales puede ser un desafío. Indica qué emociones asocias con cada situación. Puedes usar palabras que no están en la lista.

Emociones

alegría	satisfacción	vergüenza	enojo
ansiedad	frustración	curiosidad	orgullo
placer	confusión	agradecimiento	

Situaciones

1. Contestas el teléfono. Entiendes bien el español de la persona que llama, pero te equivocas un par de veces al hablar. Te cuelga.   _____
2. Tu supervisor salió de la oficina a las nueve con un cliente. A las once llega a la oficina una familia con tres niños pequeños para su cita con tu supervisor. A la una y media la familia se va, enojada, porque tu supervisor nunca llegó ni llamó y tú no sabías cómo ayudarles.   _____
3. Una empleada del proveedor de servicios sociales sabe que quieres estudiar derecho. Ella va a la corte con un cliente y te invita a acompañarlos.   _____

4. Llega un cliente con un problema con su cuenta de cable. Todos los empleados están ocupados. Le pides que te explique su problema, llamas a la compañía, les explicas la situación y reconocen el error. El señor va a recibir un crédito. _____

5. Un cliente explica que trabaja más de cuarenta horas a la semana, pero su patrona no le paga las horas extras. Al final de la conversación, el cliente decide no hacer nada porque no quiere llamar la atención a su estatus inmigratorio. _____

6. Llega a la oficina una señora con dos hijos para hablar con una empleada acerca de un asunto serio. Mientras hablan las dos, tú hablas y juegas con los niños. Al salir, la señora te agradece mucho tus atenciones con sus hijos. _____

Paso 2. Todo el mundo pasa por altibajos emocionales cuando trabaja en la comunidad. Entrevista a un/a compañero/a de la clase sobre las emociones que ha sentido él/ella al trabajar en la comunidad, y completa la siguiente información.

Nombre de mi compañero/a _____

Las emociones positivas que ha sentido son _____

_____

Por estas causas _____

_____

_____

Las emociones negativas que ha sentido son _____

_____

Por estas causas _____

_____

_____

Cuando se siente así, hace esto para intentar sentirse mejor: _____

_____

_____

Paso 3. Para tí, ¿es un reto o un placer trabajar en la comunidad? ❑ reto ❑ placer

Lección

11

¿Es el teléfono nuestro modo de comunicación preferido?

Hablar por teléfono parece ser algo natural y fácil, pero en español y en un contexto profesional, no es siempre tan fácil para los estudiantes. En esta lección averiguarás cuáles son los hábitos, en general, de tus compañeros al hablar por teléfono, reforzarás tus habilidades de comunicar información y entender lo que dicen los clientes por teléfono, y descubrirás algunas estrategias prácticas que te ayudarán a tener conversaciones más eficaces.

Actividad 11-1

¿CÓMO NOS COMUNICAMOS?

Los estudiantes que trabajan con un proveedor de servicios sociales en la comunidad dicen que a veces el teléfono no deja de sonar y otras veces nadie llama. ¿Cuánto suena tu teléfono personal?

Paso 1. Circula por la clase y encuentra a personas que contesten "sí" a estas preguntas. Habla con una persona a la vez y hazle una sola pregunta. (**OJO:** Cambia las frases a preguntas.)

MODELO: ¿Has recibido una cuenta de teléfono por más de $150?

Busca a alguien que...

1. haya recibido una cuenta de teléfono por más de $150. _____

2. haya hablado por más de una hora en una sola llamada. _____

3. no haya hablado por teléfono hoy. _____

4. no haya llamado nunca a uno de sus profesores. _____

5. no haya dejado ningún mensaje en los últimos dos días. _____

6. tenga más de dos celulares. _____

7. ya haya hablado con su mamá o papá hoy. _____

Paso 2. ¿Cambiarían las respuestas si cambiáramos el medio de comunicación?

1. el correo electrónico   Sí, lo uso mucho más. / No, lo uso tanto como el teléfono. / Sí, lo uso mucho menos.

2. SMS/mensaje de texto   Sí, lo uso mucho más. / No, lo uso tanto como el teléfono. / Sí, lo uso mucho menos.

3. mensajería instantánea   Sí, lo uso mucho más. / No, lo uso tanto como el teléfono. / Sí, lo uso mucho menos.

4. una visita en persona   Sí, lo uso mucho más. / No, lo uso tanto como el teléfono. / Sí, lo uso mucho menos.

Pregunta: ¿Cuál es la diferencia entre "comunicar" y "comunicarse"?

_____

_____

CW **Paso 3.** Visita la página www.pearsonhighered.com/comunidades y sigue los enlaces para ver anuncios televisivos para las compañías de teléfonos celulares en Latinoamérica. Luego, contesta estas preguntas.

¿Qué vocabulario presentaron que no conocías? _____

_____

¿Qué información cultural presentan? _____

_____

Actividad 11-2

¿HABLAMOS MUCHO POR TELÉFONO?

 Paso 1. Habla con otra persona sobre todas las llamadas telefónicas que haya hecho y recibido durante las últimas veinticuatro horas. Para cada llamada, apunta lo siguiente: con quién habló, por cuánto tiempo y de qué habló.

Mi compañero/a se llama _____

Sus llamadas: _____

_____

_____

_____

_____

_____

_____

_____

¿Cuántas llamadas en total hizo/recibió? _____

¿Por cuánto tiempo habló en total? _____

¿Con quién habló más? _____

¿Cuál fue el tema más frecuente de esas llamadas? _____

Paso 2. Contesta estas preguntas.

Entre todos los estudiantes, ¿quién hizo/recibió más llamadas? _____

¿Quién pasó más tiempo hablando por teléfono? _____

¿Cuánto hablan ustedes por teléfono?   demasiado / mucho / normal / poco

¿Hablan más por otro medio de comunicación? ¿Cuál? _____

Actividad 11-3

¿CUÁL ES TU NÚMERO DE TELÉFONO?

Paso 1. Consigue el número de teléfono de tres compañeros de la clase. (Pueden ser números inventados.)

1. _____

2. _____

3. _____

Paso 2. Trabajen en grupos de tres.

- Un/a estudiante del grupo lee los números de teléfono que consiguió en el **Paso 1,** siguiendo este modelo (un número a la vez). Los otros apuntan los números.

MODELO: 7-7-8-3-5-5-0-3-3-2

1. _____
2. _____
3. _____

- Otro/a estudiante lee los números de teléfono que consiguió en el **Paso 1,** siguiendo este modelo. Los otros apuntan los números.

MODELO: 778-355-0-3-3-2

1. _____
2. _____
3. _____

- Otro/a estudiante leerá los números de teléfono que consiguió en el **Paso 1,** siguiendo este modelo. Los otros los apuntan.

MODELO: 7-78-3-55-03-32

1. _____
2. _____
3. _____

En inglés tendemos a decir los números de teléfono un número a la vez. No es así en español. ¿Qué han notado en su trabajo en la comunidad? ¿Con qué combinación de números dicen los hispanohablantes los números de teléfono?

Actividad 11-4

¿ENTENDEMOS LOS NÚMEROS QUE NOS DICEN POR TELÉFONO?

Paso 1. Escucha las siguientes direcciones y números telefónicos. Apúntalos.

1. _____
2. _____
3. _____
4. _____
5. _____
6. _____

Hay algunas personas a quienes les gusta muchísimo hablar por teléfono. ¿Alguna vez te ha sido difícil cortar la llamada porque la otra persona continuaba hablando? ¿Te molestan los mensajes telefónicos muy largos y complicados? ¿Qué te parecen las personas que salen con sus amigos pero hablan en su celular durante casi todo el tiempo? ¿Qué otras cosas consideras de mala educación con el teléfono? ¿Qué haces con tu teléfono cuando trabajas en la comunidad?

 Paso 2. En este ejercicio usarás los números para hablar de la hora. En parejas, pongan sus sillas de espaldas una con otra. Van a simular una llamada telefónica, pero usando información verdadera.

Objetivo: Ponerse de acuerdo para ir al cine entre hoy y el domingo que viene

Consideraciones:

- Su profesor/a le dará el horario de un cine local a uno de ustedes. Sólo esa persona puede consultarlo. La otra persona no lo puede ver.
- Tienen que escoger la película y la hora. No pueden ir a ver algo que ya vieron.
- Tienen que considerar todas las obligaciones verdaderas que ya tienen —clases, tiempo para hacer sus tareas, el trabajo, etc. ¡No pueden faltar a una clase para ir al cine!

¿Qué van a ver? _____

¿Cuándo? _____

¿Qué le dijiste a tu pareja cuando no la entendiste? _____

_____

_____

Estas son las mismas frases que deberías usar cuando hablas por teléfono en español y no entiendes algo.

Paso 3. Cuando no entiendes todo lo que dice una persona, es importante utilizar estrategias comunicativas eficaces. En parejas, contesten estas preguntas. Imaginen que están hablando por teléfono con una persona desconocida, en un ambiente profesional, como en sus trabajos en la comunidad para esta clase. Sigan el modelo.

MODELO: **Situación.** La persona habla mucho y muy rápido. Sólo has podido entender unas palabras sueltas. Le dices, "¿Qué?" cada vez que termina de hablar.

¿Qué va a responder? Va a repetirlo todo porque no sabe lo que entendiste y lo que no entendiste. Quizá hable en voz más alta pensando que no pudiste oír. Eventualmente, se a va frustrar y va a colgar.

¿Es eficaz? No, porque no le estás diciendo cuál es el problema. Hay dos problemas distintos: habla rápido y habla mucho. Puedes decirle, "Repita por favor sólo la primera parte de lo que dijo y más despacio"; "Bien, he entendido. Ahora, ¿qué más?".

1. **Situación.** La persona habla mucho y le entiendes bien. Sólo hay dos cosas específicas que no has podido entender. Cuando acaba de hablar, le dices: "Repita, por favor".

¿Qué va a responder? _____

_____

¿Es eficaz? _____

_____

_____

2. **Situación.** La persona habla mucho y le entiendes bien. Sólo hay dos cosas específicas que no has podido entender. Cuando acaba de hablar, le dices: "A ver. He entendido que usted necesita _____, pero no entendí _____ ni _____. ¿Me explicas de nuevo estas dos cosas, por favor?".

¿Qué va a responder? _____

_____

¿Es eficaz? _____

_____

3. **Situación.** La persona te ha repetido su número de teléfono ya dos veces pero todavía no le has entendido los últimos dos números. Le dices, "¿Cuál es su número otra vez?".

¿Qué va a responder? _____

_____

¿Es eficaz? _____

_____

_____

4. **Situación.** La persona te ha repetido su número de teléfono ya dos veces, pero todavía no le has entendido los últimos dos números. Le dices, "Dígame su número de teléfono un número a la vez, por favor".

¿Qué va a responder? _____

_____

¿Es eficaz? _____

_____

_____

5. **Situación.** La persona te ha repetido su número de teléfono ya dos veces, pero todavía no le has entendido los últimos dos números. Le dices, "Déjeme confirmar su número; es 5-97-81, ¿y qué más?".

¿Qué va a responder? _____

_____

¿Es eficaz? _____

_____

_____

L ección

¿Sabemos tomar buenos recados?

La lección anterior se enfocó en las llamadas telefónicas. En una oficina, muchas veces hay que pasar la información comunicada por teléfono a otra persona. Por eso, los recados son importantes. Como mencionamos en cuanto a conversaciones telefónicas, una cosa que parece muy obvia —tomar un mensaje— no lo es necesariamente cuando se hace en otra lengua. En esta lección aprenderás estrategias específicas para tomar recados eficazmente: cómo escribir los nombres sin errores, cómo distinguir entre mensajes buenos y malos, y cómo hablar con la otra persona para asegurarte de que tu mensaje es completo y correcto.

Actividad 12-1

"¿COMO SE ESCRIBE SU NOMBRE?"

Como los números, el alfabeto es una de las primeras cosas que se aprende en español. Pero como se usa muy poco en las clases de español en el aula, cuando los estudiantes lo tienen que utilizar en la comunidad, les puede resultar difícil.

 Paso 1. Escucha cómo se escriben los siguientes nombres. Escríbelos de forma normal.

MODELO: W-i-l-l-y T-o-m-á-s G-a-r-c-í-a C-a-s-t-r-o

Escribes: Willy Tomás García Castro

1. _____
2. _____
3. _____
4. _____
5. _____
6. _____

¿Los escribiste todos bien? ¿Les pusiste los acentos necesarios?

Paso 2. Tu profesor/a va a pedirles a algunos de los estudiantes, uno a la vez, que deletreen sus nombres; los escribirá en la pizarra.

 Paso 3. En grupos de cuatro, todos deben deletrear el nombre y apellido de un/a amigo/a para que lo escriban los otros.

1. _____
2. _____
3. _____

¿Es más fácil deletrear o apuntar lo que deletrea otra persona?

Actividad 12-2

"NO, SUSANA NO ESTÁ EN ESTE MOMENTO. ¿QUIERE DEJARLE UN RECADO?"

Paso 1. Los mensajes incompletos causan muchos problemas. Imagina que en tu casa, entre varios papeles, encuentras este mensaje escrito con la letra de tu compañero de casa. ¿Sabrías qué hacer? ¿Qué preguntas querrías hacerle a tu compañero antes de llamar a nadie? Sigue el modelo.

MENSAJE: "Te llamó tu profe de español."

MODELO: ¿Qué profesor de español? Tengo dos clases de español con dos profesores diferentes.

1. _____
2. _____
3. _____

Paso 2. En una oficina, los mensajes incompletos son aún más problemáticos. Susana encuentra un mensaje en la oficina donde trabajan varios estudiantes de esta clase. Lo que escribió un estudiante voluntario está en letra bastardilla (*italics*). El resto de la información falta. Identifica todos los problemas que puedas encontrar con este mensaje.

Telephone Message

Message for _____

Date _____ Time *noon*

Mr./Miss/Mrs. *Himina???* _____

of _____ *Springfield* _____

Phone _____ *798-405* _____

- ☑ Telephoned
- ☐ Called to see you
- ☑ Wants to see you
- ☑ Please call him/her
- ☐ Will call again
- ☐ Returned your call

Message _____
Necesita que alguien le
acompañe mañana a la corte.

Received by _____

MODELO: Susana no puede hacerle preguntas a nadie porque nadie lo firmó; no sabe quién tomó el recado.

_____

_____

_____

_____

_____

Actividad 12-3

"¿QUÉ QUIERE USTED QUE LE DIGA?"

 Paso 1. *Tu profesor/a va a leer un mensaje telefónico que Isabel (una clienta) dejó en el contestador. Toma el mensaje para que le puedan devolver la llamada.

Telephone Message

Message for _____

Date _____ Time _____

Mr./Miss/Mrs. _____

of _____

Phone _____

_____

☐ Telephoned   ☐ Please call him/her

☐ Called to see you   ☐ Will call again

☐ Wants to see you   ☐ Returned your call

Message _____

_____

_____

_____

_____

Received by _____

¿Fue difícil entenderlo todo? Si no lo entendiste todo, hazle preguntas específicas a tu profesor/a para poder completar o corregir la información.

Ahora que has entendido toda la información del mensaje, decide si es necesario apuntarla toda.

Información imprescindible _____

_____

_____

Información prescindible _____

_____

_____

A veces un recado con demasiada información puede confundir tanto como uno con poca información. Pregunta en el lugar donde trabajas cuánta información quieren que apuntes en tus recados.

*Note for the instructor: The script for this activity is on page 95.

¿Cuáles son las preguntas
más frecuentes de las personas que llaman a la oficina
donde trabajas? ¿Qué indican
esas preguntas sobre la vida
de los latinos en tu comunidad? ¿La organización pone
información en el internet
para contestar esas preguntas? ¿La información en internet está escrita en
español?

 Paso 2. *La mitad de los estudiantes tienen que salir al pasillo. No escuchen lo que va a leer el/la profesor/a. La otra mitad tiene que tomar un recado según la información que lee el/la profesor/a.

Telephone Message

Message for _____

Date _____ Time _____

Mr./Miss/Mrs. _____

of _____

Phone _____

_____

☐ Telephoned   ☐ Please call him/her

☐ Called to see you   ☐ Will call again

☐ Wants to see you   ☐ Returned your call

_____

Message _____

_____

_____

_____

_____

Received by _____

---

*Note for the instructor: The script for this activity is on page 95.

Ahora entran los que estaban en el pasillo y se sientan con una persona que tomó el recado. Sin hablar con la persona que tomó el recado, seleccionan una de estas frases y la completan.

❑ Sé exactamente qué hacer. Tengo que _____

_____

❑ Me falta información, pero puedo hacer _____

_____

❑ No sé qué hacer. Tengo que hacer estas preguntas a la persona que tomó el recado _____

_____

_____

Actividad 12-4

"LA PERSONA QUE USTED BUSCA NO ESTÁ, PERO VEAMOS SI YO LE PUEDO AYUDAR."

Paso 1. A veces los estudiantes cuentan que en sus trabajos en la comunidad las personas no quieren dejar un recado; simplemente dicen que volverán a llamar. Sin embargo, es muy importante tomar mensajes completos e intentar ayudar a los que llaman. Sin ser grosero, se puede insistir un poco en que dejen un mensaje. Marquen las estrategias que pueden emplear cuando contestan el teléfono y la persona no quiere dejar un recado.

❑ "Usted quiere hablar con la señora Abreu. Yo soy su asistente. Dígame, ¿en qué le podemos ayudar?"
❑ "Aquí si no se deja un mensaje es difícil que le ayuden."
❑ "La señora Abreu está muy ocupada. Si le deja un mensaje es más fácil para ella ayudarle."
❑ "Ya tengo su nombre y teléfono. Ahora, ¿de qué quiere hablar con la señora Abreu? Le dejo un recado y le busco información para que ella pueda ayudarle más pronto."
❑ "¿No quiere dejar un mensaje? Pues, muy bien. Adiós."
❑ "La señora Abreu va a estar fuera toda la tarde hoy, pero yo le puedo ayudar. ¿Qué necesita?"
❑ "La señora Abreu no está, pero estamos tres en la oficina. Seguro que uno de nosotros le puede ayudar. Cuénteme qué necesita."

Paso 2. Algunas personas no saben comunicarse por teléfono en un ambiente profesional, y el problema no es la lengua. Lee esta conversación telefónica verdadera que tomó lugar entre una profesora y un estudiante de aprendizaje en la comunidad.

PROFESORA: Buenas tardes. ¿Puedo hablar con la co-directora, Débora?
ESTUDIANTE: No, no está.
(*silencio*)
PROFESORA: ¿Sabes cuándo regresará?
ESTUDIANTE: No.
(*silencio*)

¿Esa estudiante sabía hablar por teléfono   Sí / Más o menos / No
   y tomar buenos recados?
¿Sabes tomar buenos recados?   Sí, es fácil. / Sí, pero me pongo nervioso/a. /
Sí, pero a veces no entiendo todo. /
No, necesito practicar más.

Paso 3. Lee lo que dice un joven sobre lo que le desespera de los mensajes en los contestadores y luego contesta las preguntas.

"Algo me pasó ahorita y de verdad me desespera. Estaba la casa sola. Llego y en el contestador encuentro un mensaje de una chava que dice: '¿Se encuentra Héctor? Hola… Hola… Hola…' O sea, ¿qué les pasa? ¿No entienden que 'dejen un mensaje después de la señal'? ¡El "bip"! Tienes que dejar un mensaje, tu nombre y tu número —eso es todo."

1. ¿A ti también te desespera lo que describe el muchacho?   Sí / No
2. ¿Te desesperan los mensajes en que se escucha la respiración de alguien   Sí / No
   pero no habla?
3. ¿Te desesperan los mensajes dejados por una voz mecánica?   Sí / No
4. ¿Te desesperan los mensajes muy largos?   Sí / No
5. ¿Te desesperan los mensajes en que se dice el número de teléfono muy rápido?   Sí / No

6. ¿Qué más te desesperan de los mensajes en los contestadores? _____

Lección 13

¿Sabemos qué hacer con tantos documentos?

En la lección anterior viste un tipo de documento: los recados. Pero en una oficina se encuentran muchísimos tipos de documentos, algunos internos y otros que vienen de afuera. Hay que saber qué hacer con ellos para evitar el caos. En esta lección llenarás formularios, verás cómo archivarlos correctamente y averiguarás si sabes reconocer y escribir los nombres de la gente.

Actividad 13-1

¿SABEMOS LLENAR FORMULARIOS?

 Paso 1. Entrevista a otra persona y llena el siguiente formulario con su información. Puede ser información inventada.

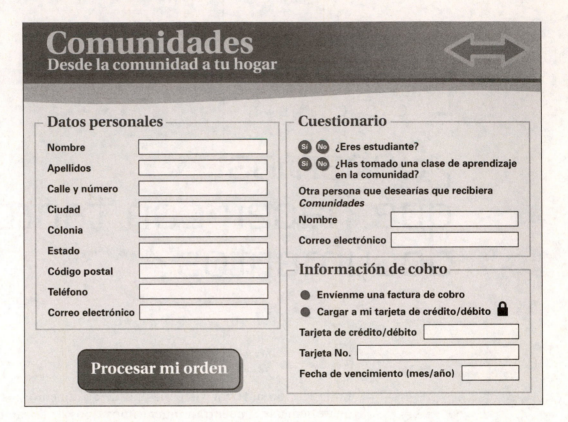

Comunidades
Desde la comunidad a tu hogar

Datos personales

Nombre	
Apellidos	
Calle y número	
Ciudad	
Colonia	
Estado	
Código postal	
Teléfono	
Correo electrónico	

Procesar mi orden

Cuestionario

Sí No ¿Eres estudiante?

Sí No ¿Has tomado una clase de aprendizaje en la comunidad?

Otra persona que desearías que recibiera *Comunidades*

Nombre	
Correo electrónico	

Información de cobro

● Envíenme una factura de cobro
● Cargar a mi tarjeta de crédito/débito 🔒

Tarjeta de crédito/débito	
Tarjeta No.	
Fecha de vencimiento (mes/año)	

 Paso 2. Muchas organizaciones sin fines de lucro también tienen un formulario en su página web para recibir donaciones. Diseña un formulario de ese tipo para una de las organizaciones en la comunidad donde trabajan ustedes. ¿Qué información sobre sus donadores querrá la organización?

 Paso 3. Muchas veces los documentos están escritos en inglés, pero tenemos que hablar con el cliente en español. En este ejercicio vas a obtener la información en español, pero la apuntarás en inglés. En parejas, lean "La situación" y sigan las instrucciones. Un/a estudiante hace el papel de la tía y el/la otro/a hace el papel del estudiante voluntario.

La situación: Un muchacho ha llegado de Perú para pasar unos meses en la casa de su tía en EE.UU. La tía quiere matricular a su sobrino en la escuela donde prestas servicio, pero dado que el muchacho viene de otro país, es necesario llenar un formulario. La tía no habla inglés y en la escuela sólo tú hablas español.

Instrucciones para "la tía": Tu nombre es "María Luisa Ruiz de Montero". Le llamas a tu sobrino "Luisito Miguel" y es el hijo de tu hermano. Puedes inventar información lógica para las otras preguntas que te hará tu pareja, ¡pero no mires el formulario!

Instrucciones para "el estudiante voluntario": El formulario está escrito en inglés, pero tienes que hacer las preguntas en español. ¡No le enseñes el formulario a "la tía"! Apunta sus respuestas en el formulario.

Last name _____

First name _____

Middle name _____

DOB _____

Gender _____

Country of birth _____

Country of citizenship _____

Student's foreign address _____

Student's foreign postal code _____

Student's foreign phone number _____

Student's education level _____

Student's English proficiency level _____

Student's address while in the US _____

Student's phone while in the US _____

Guardian's name while in the US _____

US arrival date _____

US departure date _____

❑ Fue fácil hacer esto.
❑ Fue bastante fácil, pero no pudimos hacer _____ pregunta(s).
❑ Fue más difícil de lo que pensaba.
❑ No sabíamos si su nombre era "Luisito" o "Luis".
❑ Otra cosa: _____
_____

Actividad 13-2

"¿DÓNDE PONGO ESTE DOCUMENTO?"

Paso 1. Imagina que trabajas en la escuela de la actividad anterior y contesta estas preguntas con información lógica.

1. ¿Qué se debe hacer con el documento después de llenarlo? _____
_____

2. Si lo tienes que archivar, ¿dónde lo guardas? ¿Bajo qué nombre?

_____

_____

3. ¿Importa si otros niños en la misma familia ya están matriculados en la escuela?

_____

Tener todo bien organizado en los archivos es muy importante para todas las organizaciones. ¿Y tú? ¿Pones tus documentos importantes en archivos? Si tuvieras que encontrar tu acta de nacimiento, ¿sabrías dónde buscarla? ¿Eres una persona ordenada o vives entre pilas de libros, hojas de papel, sobres y cuadernos? Y en tu computadora, ¿guardas tus documentos con un sistema lógico o los dejas todos en el *desktop*?

Paso 2. Al archivar los documentos, normalmente se ponen en orden alfabético. Pon los siguientes nombres en orden alfabético.

_____ Daniel López-García

_____ Lic. JM Castro

_____ Dra. Mª García

_____ Ing. Nancy Moreno

_____ David Puccini

_____ Leticia Fonseca Valladares

_____ Carlos Enrique Barahona

_____ Jerson García López

_____ Manuel Zelaya

_____ María Luisa García Méndez

_____ Ortelia Ordóñez Cienfuegos

_____ María del Carmen Zúñiga Amador

Pero a veces ponerlo todo en orden alfabético no es tan fácil. A veces encuentras dos carpetas para un mismo cliente o documentos de un cliente dentro de la carpeta de otro. ¿Qué confusiones puedes anticipar al archivar los documentos de estos individuos?

MODELO: No se escucha la "h" en "Barahona" y alguien puede escribirlo mal.

_____

_____

_____

_____

Paso 3. Algunos estudiantes se quejan si tienen que ordenar los archivos en el trabajo en la comunidad o hacer otros trabajos rutinarios de una oficina. Sin embargo, esos trabajos son de suma importancia. Escucha las siguientes situaciones y escribe el número de la situación al lado de la tarea correspondiente.

El estudiante voluntario debe...

a. _____ hacer fotocopias
b. _____ archivar
c. _____ traducir documentos
d. _____ recibir a los clientes

Actividad 13-3

"¿CON QUIÉN HABLO?"

Paso 1. Muchos estudiantes dicen que es difícil hablar por teléfono porque no se puede ver la cara de la otra persona ni usar gestos. ¿Pero siempre sabemos qué decirle a otra persona cuando nos encontramos cara a cara? Imagina que asistes a una reunión profesional. No conoces a nadie en la reunión, pero todos llevan una etiqueta con su nombre. Si tuvieras que saludar y presentarte personalmente a las personas que llevan estas etiquetas, ¿qué les dirías? Sigue el modelo, pero no uses las mismas frases; intenta variar lo que dices.

MODELO: Buenos días, Dr. López-García. Me llamo Alberto. Soy estudiante de tercer año en la universidad y este semestre trabajo con Hábitat para la Humanidad. ¿Y usted dónde trabaja?

HELLO MY NAME IS
Dr. Daniel López-García

HELLO MY NAME IS
Lic. JM Castro, César Chávez, Dir.

HELLO MY NAME IS
Dra. Mª Montrul, Clínica Santa Eulalia

HELLO MY NAME IS
Ing. Nancy Moreno

HELLO MY NAME IS
David Faccini, Cámara de Comercio

1. _____

2. _____

3. _____
4. _____

Paso 2. Leer los nombres puede ser más fácil que entenderlos cuando los oyes. Ahora escucha los siguientes nombres y apúntalos.

1. _____
2. _____
3. _____
4. _____
5. _____
6. _____
7. _____

Si no pudiste entenderlos todos perfectamente, levanta la mano y haz preguntas específicas a tu profesor/a para poder completar/corregir los nombres. Recuerda, "Por favor, repita el número 5" no es necesariamente la pregunta más eficaz.

Paso 3. Ahora pon los nombres del **Paso 2** en orden alfabético. (**OJO:** Algunos hispanohablantes pondrían el apellido "del Río" bajo "D" y otros lo pondrían bajo "R". Pregunta a tu supervisor/a qué sistema usar antes de archivar algo así.)

1. _____
2. _____
3. _____
4. _____
5. _____
6. _____
7. _____

Paso 4. Hoy en día, muchas veces la comunicación se lleva a cabo a través del internet. ¿Sabes tú cómo comunicarte profesionalmente en internet? Visita la página www.pearson-highered.com/comunidades y sigue los enlaces para saber sobre el protocolo del internet. Contesta estas preguntas.

1. ¿Alguna vez has escrito un mensaje electrónico a tu profesor/a al estilo de un mensaje de texto: sin mayúsculas, puntos o comas?   Sí / Tal vez / No, nunca
2. ¿Alguna vez has mandado un correo electrónico al destinatario equivocado?
                    Sí / Tal vez / No, nunca

3. ¿Qué reglas de "la netiqueta" has roto alguna vez? _____

_____

4. ¿Hay información sobre la netiqueta con la que no estás de acuerdo? _____

_____

5. ¿Qué otras reglas de la netiqueta añadirías al protocolo? _____

_____

Lección 14

¿Por qué emigrar?

A veces los estadounidenses piensan que todos los inmigrantes vienen a EE.UU. porque quieren vivir "el sueño americano". En realidad, la decisión de emigrar del país de origen es el resultado de factores complejos. En esta lección considerarás por qué la gente toma la decisión de dejar sus países, verás la inmigración como fenómeno global, apreciarás los peligros presentes en la inmigración y te fijarás en un peligro específico: las redadas.

Actividad 14-1

¿QUÉ MOTIVA A LOS INMIGRANTES?

Paso 1. Los factores de empuje son las circunstancias en el país de origen y los factores de atracción son las cosas atrayentes del otro país. Para cada motivo, indica qué tipo de factor es.

1. una sequía	factor de empuje / factor de atracción
2. reunirse con parientes que ya viven en el otro país	factor de empuje / factor de atracción
3. una llamada para trabajadores en cierto sector laboral	factor de empuje / factor de atracción
4. una red que facilita el movimiento de personas de un país al otro	factor de empuje / factor de atracción
5. la delincuencia y la inseguridad personal	factor de empuje / factor de atracción
6. una relación romántica con una persona del otro país	factor de empuje / factor de atracción
7. un desastre natural	factor de empuje / factor de atracción
8. la inseguridad política	factor de empuje / factor de atracción

 Paso 2. La inmigración es un fenómeno global. No sólo EE.UU. recibe inmigrantes. Escucha y apunta factores de empuje y de atracción que tienen que ver con estos patrones de inmigración.

Factores de empuje	Factores de atracción
1.	
2.	
3.	
4.	

Actividad 14-2

¿CON QUÉ PELIGROS SE ENFRENTAN LOS INMIGRANTES?

 Paso 1. Para todos los inmigrantes, el viaje de su lugar de origen a otro país es complejo. Pero para los inmigrantes indocumentados, sobre todo, puede ser también un viaje peligroso y hasta mortal. Con una pareja, enumeren los posibles peligros para cada modo de inmigrar.

1. Pagar a un coyote: _____

_____

2. Viajar en balsa: _____

_____

3. Cruzar el desierto a pie: _____

_____

4. Subirse a un tren: _____

_____

5. Esconderse en un camión: _____

_____

6. Otro modo de viajar: _____

_____

Paso 2. Los peligros y los obstáculos no desaparecen necesariamente al llegar al otro país. Según las noticias y lo que has observado en tu trabajo en la comunidad, ¿cuáles son algunos problemas que pueden tener los inmigrantes dentro de EE.UU.?

_____

_____

_____

Actividad 14-3

¿QUÉ SE DEBE HACER DURANTE UNA REDADA?

Paso 1. Las redadas son uno de los peligros a los que se enfrentan los inmigrantes indo-cumentados. Lee esta información y luego contesta las preguntas.

 Las redadas: ¿justicia o trauma?
En la primavera de 2006, miles de inmigrantes en EE.UU. salieron a las calles a reclamar sus derechos y luchar por la reforma migratoria. Hoy día, en muchas comunidades latinas, hay silencio donde antes había gritos y canciones de una muchedumbre; hay calles desiertas donde antes hubo marchas organizadas.

"La gente está asustadísima," comenta Omar, un inmigrante hondureño que vive en una ciudad del Sur. "Ya no se habla de protestas ni de movimientos sociales. Los latinos aquí no quieren llamar la atención."

Las grandes ciudades con mayores poblaciones hispanas no son los únicos lugares donde entran policías y agentes federales a detener y arrestar a gente sin papeles. Se puede trazar una línea a través de los estados, siguiendo las huellas de las redadas. Han tomado lugar en locales tan dispares como Greeley, Colorado; Grand Island, Nebraska; New Bedford, Massachussets; y Marshalltown, Iowa.

Los lugares son diferentes, pero la escena es siempre igual: llegan los oficiales a un lugar de trabajo, y detienen y arrestan a las personas sin documentos.

Las consecuencias son inmediatas y afectan no solamente a las personas detenidas. A veces toda una comunidad de inmigrantes huye del lugar, dejando amistades, trabajos y casas. Los efectos negativos en la economía local pueden ser devastadores.

Las escuelas también tienen que reaccionar. Si una redada toma lugar durante el día, algunos padres o madres pueden estar detenidos y sus niños no tendrán a dónde ir después de la escuela. De hecho, un informe del National Council of La Raza y el Urban Institute explica que por cada dos personas detenidas en una redada, un niño queda solo. Son las escuelas, iglesias y proveedores de servicios sociales —entidades muchas veces de pocos recursos y poca experiencia con este problema— que tienen la tarea de socorrer a estos niños, que muchas veces son ciudadanos estadounidenses.

La necesidad más urgente es encontrar a quién pueda cuidar a estos niños. Pero luego llega otro problema: los síntomas de trauma en el niño y en toda la comunidad. Los niños afectados directamente pueden sentirse abandonados, deprimirse y demostrar síntomas del síndrome del estrés después de un trauma (PTSD, por su sigla en inglés). Incluso para los que no cayeron en la redada hay repercusiones. Los niños que no perdieron a sus padres pueden todavía sentirse vulnerables. Muchas familias todavía intactas deciden esconderse y no aceptar ayuda, por miedo.

"Aquí en el Centro para Inmigrantes, recibimos llamadas frecuentes de inmigrantes diciendo que han oído que va a haber una redada en nuestra comunidad," dice una de las empleadas. "Pero gracias a Dios no ha habido ninguna en nuestro pueblo hasta ahora. Pero el nerviosismo está ahí."

La reacción de los ciudadanos de estos lugares varía. Los hay que dicen que es justo y los hay que lamentan lo que significa para esas familias y para la comunidad.

1. ¿Cómo contestarías la pregunta del título de este texto? _____

_____

_____

2. ¿Ha habido redadas en la comunidad donde vives o donde asistes a la escuela?

_____

_____

3. El miedo que mencionan las personas citadas en el texto, ¿cómo puede afectar la relación de los inmigrantes con los estudiantes de una clase de aprendizaje en la comunidad?

_____

_____

_____

Paso 2. Todos tenemos ciertos derechos al tratar con la policía. Indica si la siguiente información es cierta o falsa.

Si la policía o los agentes de inmigración llegan a tu casa...

1. no es necesario que les abras la puerta si no
   tienen una orden (*warrant*).   Cierto / Falso / No sé

2. y tienen una orden, puedes pedirles que te la
   pasen por debajo de la puerta antes de abrirla.   Cierto / Falso / No sé

Si la policía o los agentes de inmigración te detienen en
la calle u otro lugar público...

3. tienes el derecho de guardar silencio absoluto.   Cierto / Falso / No sé

4. puedes enseñarles documentos falsos o
   contarles mentiras; de todos modos, no
   tienen el derecho de arrestarte sin pruebas.   Cierto / Falso / No sé

Si la policía o los agentes de inmigración llegan a tu
lugar de trabajo...

5. pueden entrar, pues es un lugar público y
   no necesitan una orden.   Cierto / Falso / No sé

6. es mejor intentar huir.   Cierto / Falso / No sé

Si te arrestan...

7. no firmes nada sin hablar primero con un
   abogado.   Cierto / Falso / No sé

8. tienes el derecho de hacer una llamada telefónica.   Cierto / Falso / No sé

 Paso 3. Imagina que estás trabajando un miércoles y justo antes de cerrar a las cinco de la tarde llega una señora toda alterada. Te dice que la policía llegó al lugar donde trabaja su hijo y se lo llevó. No sabe por qué ni adónde. Cuando acaba de contarte su historia, ya son las cinco y quince. La familia es originaria de México, así que marcas el número del Consulado de México. Escucha el mensaje y contesta las siguientes preguntas.

¿Qué tiene que hacer la señora?

_____

¿Cuándo tiene que hacerlo?

_____

¿Cómo puedes ayudarla?

_____

Actividad concluyente

INMIGRANTES PROFESIONALES

Al trabajar en la comunidad, es posible formarse una idea equi-vocada, o por lo menos limi-tada, de los latinos inmigrantes en este país. Obviamente, hay inmigrantes con papeles y sin papeles; inmigrantes obreros e inmigrantes profesionales; latinos con mucha preparación que aquí hacen trabajos manuales y latinos que se educan y capacitan una vez que están aquí. Ahora vamos a ver el caso específico de una mujer de negocios latina.

Paso 1. Lee esta breve descripción de Ruth Montenegro y luego indica qué cualidades asocias con su perfil profesional.

Ruth Montenegro nació, estudió y trabajó en El Salvador. Ahora vive en EE.UU. y trabaja en una empresa americana con ventas en todas partes del globo. Su título actual es Vice-presidenta de Operaciones.

Ha tenido varios puestos en diferentes países:
- consultora/asesora de planeamiento estratégico y gerencia
- gerente de control de calidad para la industria alimenticia
- representante de ventas
- intérprete

Algunas de las organizaciones con las que ha trabajado son: PCA, S.A. (como consultora), Nestlé, Pollo Campero, Univeler, Molinos Modernos, Unipharm, PUMA Energy, Georgetown University y Alimentos Ideal.

La señora Aguilera parece ser...

trabajadora / poco inteligente / segura de sí misma / indecisa / rebelde / detallista / caótica / perfeccionista / culta / tímida / inflexible / novata (*new, inexperienced*) / productiva / irresponsable

Paso 2. Los estudiantes de un curso de aprendizaje en la comunidad tuvieron la oportunidad de hablar con la señora Montenegro. Indica si te interesa saber lo mismo que a ellos, y apunta una pregunta que a ti también te gustaría hacerle.

1. Me gustaría saber cómo hablar con mis colegas y los clientes en mi trabajo en la comunidad. Quiero demostrar respeto y ser cortés, pero no tanto que me vean distanciado o frío. ¿Qué me sugiere?

   Tengo esta misma curiosidad. / No me interesa esto.

2. Me interesan las diferencias entre las normas de la etiqueta profesional en EE.UU. y en Latinoamérica. ¿Qué diferencias hay?

   Tengo esta misma curiosidad. / No me interesa esto.

3. Tengo curiosidad sobre sus experiencias en diferentes países latinoamericanos. ¿Le gustó trabajar más en algunos países que otros? Pienso trabajar como trabajadora social bilingüe en una escuela; ¿cómo le ha beneficiado ser bilingüe a la hora de buscar un trabajo?

   Tengo esta misma curiosidad. / No me interesa esto.

4. Tu pregunta: _____

_____

_____

 Paso 3. Visita la página www.pearsonhighered.com/comunidades y sigue los enlaces para escuchar la entrevista con la mujer de negocios. ¿Contestó las preguntas que tenías? ¿Hay algo más que te habría gustado saber de ella?

Paso 4. El éxito se puede definir de muchas maneras: —a nivel profesional, económico, social, político, etc. En tu trabajo en la comunidad, ¿has conocido a gente exitosa? De la siguiente lista, cuáles consideras exitosas.

1. Tener una casa propia, un auto que no tenga más de cinco años y poder tomar vacaciones en la playa dos veces al año.   Sí / No

2. Un inmigrante que lleva una vida humilde para poder mantener a sus parientes en el país de origen con sus remesas.   Sí / No

3. Una madre que lleva una vida de sacrificios para que sus hijos puedan estudiar en una escuela de renombre y vestirse de moda.   Sí / No

4. Un hijo de inmigrantes con un buen puesto que cambia sus costumbres para adaptarse a la cultura predominante en su empresa.   Sí / No

5. Un obrero que organiza a los otros obreros para formar un sindicato y
exigir mejores condiciones laborales.   Sí / No

6. Un grupo de padres que colabora con la policía local con la intención
de disminuir la criminalidad en su vecindario.   Sí / No

7. Alguien que se hace millonario, pisoteando a los demás.   Sí / No

8. Una persona que trabaja para pasar un referéndum que beneficiaría a las   Sí / No
escuelas, pero el referéndum no pasa.

Scripts for Lesson 12

Script for **Actividad 12-3, Paso 1.**

Buenos días. Llama Isabel Carrasco Trujillo. Quisiera hablar con la persona que me
preparó mis impuestos. He recibido varias cartas del IRS, pero no las entiendo. Ahora
me están llamando. Me dejan mensajes que no entiendo y no me gusta el tono de las
llamadas. Por favor, llámenme al 7-78-81-65.

Script for **Actividad 12-3, Paso 2.**

Me gustaría hablar con la Señora Córdova Andrade. Mi hija, Ángela, tiene 14 años.
Antes le iba muy bien en la escuela, pero ahora que está en el primer año en Central
tiene notas muy bajas. La veo deprimida, ansiosa, no sé exactamente lo que le pasa.
Quisiera hablar con alguien en la escuela, pero no hablan español. ¿Me podría ayudar
usted? Mi teléfono es 7-12-46-57-8-0-1. Soy Clara Calderón.

La vivienda fue el eje de la reciente crisis económica global. Estas dos chicas están trabajando con Hábitat para la Humanidad. El trabajo de esa organización ahora es más importante que nunca. ¿Cómo afectó la crisis económica a la comunidad donde vives? ¿Y a la comunidad latina donde trabajas?

El lugar donde vives y las noticias e historias relacionadas

En breve

Ya has visto cómo los estudiantes en un curso de aprendizaje en la comunidad pueden trabajar de manera eficaz en una escuela y en una oficina. Ahora te toca examinar el lado más personal de las personas de la comunidad en la que estás trabajando, fuera de la escuela y de las oficinas donde las encuentras. ¿Realmente conoces la perspectiva y la vida de las personas con quienes trabajas? ¿O sólo conoces una faceta? ¿Qué noticias les importan? ¿Qué historias cuentan de sus propias vidas? ¿Cómo son sus hogares, sus vidas personales? ¿Las condiciones de la vivienda les permiten arraigarse a la comunidad? Son preguntas que van más allá de las tareas específicas que haces en la comunidad. Un conocimiento más amplio de las condiciones de la vida de las personas con quienes trabajas te permite entender mejor tu papel en la comunidad y tu relación con otros.

Vivimos en un mundo saturado de información, pero no necesariamente sabemos lo que está pasando en otras zonas del mundo ni lo que pasa en ciertas comunidades de nuestra propia ciudad. En la **Lección 15** averiguarás de qué noticias se habla en las comunidades latinas. La **Lección 16** te invita a considerar las historias personales detrás de las noticias y la historia. Como verás, las historias personales y familiares —inclusive la tuya— impactan un aspecto de la noticia oficial. Sus detalles y particularidades nos permiten apreciar aspectos más profundos de la versión oficial de la noticia. Finalmente, las últimas dos lecciones —**Lecciones 17 y 18**— presentan cómo la vivienda afecta la vida de las personas, algo que muchos en EE.UU. dan por sentado pero que a otros les complica la vida muchísimo.

Lección 15

¿Son noticias para nosotros?

¿Te consideras bien informado/a sobre lo que pasa en el mundo? ¿O sólo sobre la región donde vives? ¿O sólo sobre la vida de tus amigos? Para poder poner en un contexto más amplio lo que estás viendo en la comunidad, en esta lección determinarás si tú y tus compañeros están bien informados, te enterarás de las noticias más destacadas en la prensa en español y medirás tu conocimiento de lo que pasa en la comunidad latina local.

Actividad 15-1

¿DE QUÉ NOTICIAS NOS ENTERAMOS EN EE.UU.?

Paso 1. Entrevista a un/a compañero/a de la clase y apunta sus respuestas.

Nombre: _____

¿Te consideras bien informado/a sobre las noticias? _____

_____

¿Cuáles son las noticias internacionales más importantes de esta semana? _____

_____

¿Cuáles son las noticias nacionales más importantes de esta semana? _____

_____

¿Cuáles son las noticias locales más importantes de esta semana? _____

_____

¿Qué fuentes específicas consultas para informarte sobre las noticias? Por favor, da ejemplos.

❑ televisión _____

❑ periódicos _____

❑ radio _____

❑ internet _____

❑ *blogs* _____

❑ *podcasts* _____

❑ fuentes de otros países _____

❑ conversaciones con otras personas _____

_____

Paso 2. Comparen sus respuestas y contesten estas preguntas.

¿Quién parece estar más informado?
yo / mi compañero/a / los dos / los dos estamos poco informados

¿Las noticias más sonadas son realmente las más importantes?

_____

_____

La mayoría de los estudiantes considera esta noticia la más importante de la semana:

_____

_____

Cuando pensamos en las noticias, solemos concentrarnos en las noticias oficiales. Sin embargo, las noticias personales de nuestro círculo social son también importantes. ¿Te consideras bien informado/a sobre lo que está pasando en las vidas de tus amigos y parientes? ¿Cómo sabes las últimas novedades sobre ellos? ¿Te enteras de sus vidas a través de sus *blogs* personales, Facebook, MySpace, Flickr u otro sitio en internet? ¿Pones tu información en estos sitios en la web para promulgar noticias personales?

Actividad 15-2

¿CONOCEMOS LA PERSPECTIVA DE LOS LATINOS EN EE.UU.?

Paso 1. ¿Qué noticias salen en la prensa en español? Tu profesor/a va a dar a cada uno la mitad de un artículo de un periódico en la web, originado en EE.UU., que está dirigido a lectores hispanohablantes. Lee tu parte y luego busca a la otra persona en la clase con la otra sección del mismo artículo. ¡No le enseñes a nadie el artículo! Cuando encuentres a tu pareja, siéntate con él/ella y completa esta frase.

(Nombre) _____ y yo tenemos un artículo que se trata de _____

_____

_____

Paso 2. Trabaja con tu pareja para contestar estas preguntas.

Información del artículo que ya conocíamos: _____

_____

Información del artículo que desconocíamos: _____

_____

Paso 3. Contesta las siguientes preguntas.

En EE.UU., ¿la prensa en inglés y la prensa en español dan el mismo peso a las noticias?
❏ Sí   ❏ No

¿Está la mayoría de los estudiantes de esta clase bien informada sobre las noticias en la prensa latina?   ❏ Sí   ❏ No

Actividad 15-3

¿QUÉ NOTICIAS PODRÍAN INTERESARLES A LOS LATINOS EN TU COMUNIDAD?

Paso 1. Tu profesor/a va a leer algunos titulares de un periódico regional escrito en español. Toma apuntes.

_____

_____

_____

_____

Paso 2. Marca la frase con la que estás de acuerdo.

❏ Estoy muy bien informado/a sobre los asuntos de los que se tratan estos artículos. Yo podría contribuir a este periódico.
❏ Algo sé de estos asuntos, pero tendría que leerlos para estar seguro/a de toda la información.
❏ No sé casi nada de estos asuntos.
❏ Otra conclusión: _____

Paso 3. Comparen sus respuestas y luego selecciona el enunciado correspondiente.

❏ Estos asuntos de la comunidad latina en nuestra comunidad son noticias para la mayoría de nosotros.
❏ Estos asuntos de la comunidad latina en nuestra comunidad son ya conocidas por la mayoría de nosotros.

L ección 16

¿Qué podemos aprender de los relatos orales?

En la lección anterior consideraste las noticias de los medios masivos de comunicación. Pero hay otros medios para transmitir historias importantes, como los relatos familiares. En esta lección compartirás historias importantes en tu familia, leerás una historia familiar sobre la inmigración y planearás una entrevista con un pariente tuyo.

Actividad 16-1

¿CÓMO TRANSMITIMOS NUESTRA HISTORIA FAMILIAR?

 Paso 1. En nuestras familias circulan anécdotas familiares que se transmiten de boca en boca y de generación en generación: la historia de cómo se conocieron tus padres, o de cómo emigraron los abuelos, o las experiencias en tiempos difíciles —tales como la depresión económica o la guerra. En parejas, cuenten cada uno una anécdota de su familia. El estudiante que escucha puede hacer preguntas para conocer más detalles de la historia o aclarar algo que no entienda.

¿En qué se parecen y en qué se diferencian las dos anécdotas?

_____

_____

_____

¿Qué lección o enseñanza se puede aprender de las anécdotas?

_____

_____

_____

¿Cómo se mantuvo viva la anécdota en tu familia? ¿Alguien la escribió en un diario o libro de recuerdos familiares? ¿Alguien la grabó o tomó video cuando sucedió?

_____

_____

_____

¿Por qué crees que la anécdota sobrevivió hasta que supiste de ella? ¿Será porque tiene una enseñanza? ¿Por qué es divertida? ¿Triste? ¿Por otra razón?

_____

_____

_____

Paso 2. La importancia de la historia oral. ¿Qué pasa con las historias que no quedan registradas de un modo permanente?

La anécdota familiar...

❑ puede perderse si nadie la pone por escrito.
❑ puede perderse si nadie la transmite a la siguiente generación.
❑ puede aparecer en versiones diferentes porque cada persona la recuerda de forma diferente.
❑ puede confundirse y mezclarse con otras historias.

Paso 3. La mayoría de las personas tiende a pensar que sus historias familiares no son tan importantes como "la historia oficial". Mucha gente cree que no tiene nada que contar y que su vida ha sido "común y corriente". A veces, al vivir en el presente, la gente no se da cuenta de que vive cambios históricos profundos que después serán de interés para otras generaciones. Tu profesor/a asignará a cada estudiante un tema de esta lista. Pregunta a cinco de tus compañeros en la clase sobre sus recuerdos de ese momento histórico o el impacto en su vida.

Temas

1. 11 de septiembre 2001

2. huracán Katrina

3. el cambio de milenio

4. las elecciones primarias y presidenciales de 2008

5. la guerra en Irak

6. el miedo a las matanzas en las escuelas y universidades

7. la invención de YouTube

8. la invención del iPod

9. la elección y la inauguración del Presidente Obama

10. Otro evento: _____

Pregunta

_____

Respuestas

Nombre: _____

_____

_____

Nombre: _____

_____

_____

Nombre: _____

_____

_____

Nombre: _____

_____

_____

Nombre: _____

_____

_____

CW **Paso 4.** Visita la página www.pearsonhighered.com/comunidades y sigue los enlaces para la historia acerca del huracán Mitch. Contesta estas preguntas.

1. ¿Qué sabías ya del huracán Mitch? _____

_____

2. ¿Por qué sigue siendo tan importante para la gente de la zona? _____

_____

3. ¿Cómo se compara esta experiencia con la del huracán Katrina?

_____

_____

Actividad 16-2

¿CÓMO SON LOS RELATOS ORALES DE LOS INMIGRANTES?

Paso 1. Ésta es la historia de una familia específica y no necesariamente representa la historia de otras personas que han inmigrado a EE.UU.

Indocumentados: Entrevista con mi madre

1. ESTUDIANTE: ¿En qué año llegaste aquí?
   MADRE: En 1976.

2. ESTUDIANTE: ¿Por qué decidiste venir a EE.UU.?
   MADRE: Porque tenía mucha necesidad económica, muchos sueños que realizar.
   ESTUDIANTE: ¿Realizar sueños para ti misma o para alguien más?
   MADRE: Para mí misma y también uno de mis sueños era que mis hijos nacieran acá para que ellos agarraran los beneficios que hay aquí. Más que nada esa era mi ilusión, mi'jo[1].
   ESTUDIANTE: ¿Por qué decidiste venir a Chicago en vez de otra ciudad más latina como Los Ángeles?
   MADRE: Porque tu papá ya había estado en Chicago antes de casarnos él y yo. Además, él tenía a sus hermanos aquí en Chicago.
   ESTUDIANTE: ¿Y no te sentías mal dejar a tu familia?
   MADRE: Sí, cómo no, mi'jo. Lloraba mucho todos los días.
   ESTUDIANTE: ¿Te daba mucha tristeza?
   MADRE: Sí, mi'jo. Yo nunca me había separado de mi mamá hasta que me casé y me vine para acá.
   ESTUDIANTE: ¿Y cómo se sentía tu mamá?
   MADRE: Bien triste, pobrecita. Ella lloraba mucho. Cuando yo me vine para acá, ella aprendió a escribir y a leer para poder escribirme sus cartitas. Yo era la única que me había venido para acá, la única que estaba lejos de ella.

3. ESTUDIANTE: ¿Cómo llegaron tú y papi?
   MADRE: Llegamos en el tren.
   ESTUDIANTE: Papi me habló una vez de un coyote…
   MADRE: Sí, con el coyote también. El coyote nos pasó por la frontera, El Paso, y luego nos echaron en un carro. Tu papi venía acostado en el asiento de atrás y yo venía adelante.
   ESTUDIANTE: Y cuando estabas en el carro, ¿ya estabas del lado de EE.UU.?
   MADRE: Sí, ya cuando veníamos en el carro, ya estábamos del lado de EE.UU.
   ESTUDIANTE: Papi dijo que tuvo que andar por unas montañas y colinas. ¿Tú también tuviste que cruzar algunas colinas o montañas?

[1]de la expresión "mi hijo"

MADRE: Sí, cruzamos caminando por una montaña… Pero nosotros no tuvimos que caminar mucho porque tuvimos mucha suerte. Caminamos un poco —por como una lomita— y pasamos por debajo de una cerca de alambre y ya nos estaba esperando el carro azul para sólo pasar por El Paso.

ESTUDIANTE: ¿Estabas cubierta?

MADRE: No, no estaba cubierta porque ya habíamos pasado el peligro… o sea, cuando pasamos caminando y cuando nos recibió el carro. Era un día en la madrugadita y estaba oscurito en la madrugada. Ya cuando estábamos en el carro, estábamos de este lado y teníamos que comportarnos normalmente, como pasajeros normales, para no llamar la atención.

ESTUDIANTE: ¿Cuánta gente venía con ustedes?

MADRE: Veníamos cuatro. Tu tía Elisa venía con Tina en sus brazos.

ESTUDIANTE: ¿Tina nació allá?

MADRE: No, Tina nació aquí, pero tu tía Elisa se fue para allá con Tina. Cuando quiso regresar, como tu tía era ilegal, tuvo que venir como mojada y la niña también pasó de mojada, a pesar de que ella había nacido acá.

4. ESTUDIANTE: ¿Hubo problemas para entrar a EE.UU.?

MADRE: Sí, habían agentes de inmigración allí, pero por pura suerte no nos vieron. El avión de la inmigración volaba bajito, pero nosotros nos escondimos debajo de unos matones[2] grandes. En cuanto pasó el avión, se acercó el carro que nos iba a levantar y nos subimos al carro. Y como todavía estaba oscurito porque era en la madrugada, el avión de la inmigración no nos pudo ver. Además, los matones nos tapaban entre los bosques grandes. Por eso te dicen que tienes que llevar ropa oscura para que, debajo del bosque, no te puedan ver.

5. ESTUDIANTE: ¿Cuáles eran algunos de los riesgos al venir ilegalmente?

MADRE: ¡Oh, mi'jo!, los riesgos eran muchísimos. Si pasabas por otro lado de la frontera, donde hay un río, el río te llevaba; muchos se quedaban ahogados en el río. O si no, pasaban montañas, donde había animales feroces. Pero nosotros tuvimos suerte porque Dios nos ayudó, mi'jo, y por esa frontera no pasamos el río ni pasamos mucho tiempo por el desierto. Ahora dicen que pasan mucho tiempo por el desierto. Caminan días completos y noches, pero nosotros en ese tiempo tuvimos mucha suerte porque Diosito nos ayudó y caminamos a lo mucho, yo creo, unos veinte minutos caminando en la madrugada. Subimos un cerro y bajamos.

ESTUDIANTE: ¿Cruzaste el río?

MADRE: No, pero hay otros lados en la frontera por donde la gente tiene que cruzar ríos o desiertos más grandes y caminan mucho más rato… Era más fácil pasar entonces, pero ahora dicen que es peligrosísimo. Se mueren de sed o de cansados. Ya ves que Paco —un amigo de la familia que acaba de venir ilegalmente— dice que se encontró a una madre con su niño muerto en el desierto.

6. ESTUDIANTE: ¿Tuviste otros problemas al llegar aquí?

MADRE: Pues sí, mi'jo, porque no era fácil encontrar trabajo porque uno no sabía inglés ni tenías papeles ni seguro social ni mica[3] ni nada. Eso era un problema grande. Uno tenía mucha necesidad de trabajar porque no teníamos nada… Hazte cuenta de que llegas nomás con la ropa que llevas puesta y ya. Necesitábamos trabajar porque nos hacían falta muchísimas cosas. No nos daban trabajo fácilmente porque no teníamos papeles. Tuvimos que comprar una mica falsa para poder trabajar.

ESTUDIANTE: ¿Y cuánto costó la mica?

MADRE: La mica en ese tiempo costaría como unos 50 dólares.

ESTUDIANTE: ¿Dónde la conseguiste?

MADRE: Por la Calle 26.

---

[2]arbustos

[3]documento de residencia permanente

7. ESTUDIANTE: Si llegaste cuando hacía mucho frío, ¿cómo sobreviviste el invierno si estabas acostumbrada al clima caliente?

MADRE: Llegamos el veinticuatro de febrero.

ESTUDIANTE: ¿Hacía frío entonces?

MADRE: Sí, hacía frío y el día que llegamos llovía agua nieve. Hacía mucho frío y no teníamos chamarra ni nada. Cuando llegamos, ya tu padrino Pablo nos había comprado unas chamarras. ¿Sabes cómo yo conseguí más ropa, mi'jo?

ESTUDIANTE: ¿Cómo?

MADRE: Una amiga, pariente de tu madrina Carmen, me dijo que en una iglesia daban ropa. Fui allí para conseguir ropa para ir a trabajar. Otra vez, estaba cuidando unos niños de mi tío, hermano de mi papá, a quien no había visto en muchisisimos años, y fui a tirar la basura en el callejón. Vi que había ropa tirada y levanté muchas blusas y pantalones que me quedaba bien a mí. Los lavé y me los puse. Y de esa forma fui completando ropa para cambiarme.

8. ESTUDIANTE: ¿Fue difícil acostumbrarte a las costumbres de EE.UU.?

MADRE: Sí, mi'jo. Fue muy difícil; sobretodo, cuando entrabas a trabajar en un lado y te pagaban una miseria. Tu papi ganaba 71 dólares a la semana y yo ganaba 60 a la semana. Era dificilísimo entrar a trabajar porque te hablaban en inglés y una no entendía ni una palabra. A veces me decían algo los patrones y no entendía nada de lo que me habían dicho. Tenía una que fijarse lo que hacían con las manos. Ahora es más fácil porque llegan muchos ilegales, o sea sin inglés y sin nada, y en las fábricas hay mucha gente que habla español solamente. Ahora, los patrones nos dicen a nosotros que les digamos a los que van llegando cómo hacer el trabajo y, pues, uno les dice. Pero en aquel tiempo, mi'jo, no había nada. No había casi gente que hablara español en las fábricas. Uno lograba entrar y encontraba a otras personas que tampoco sabían nada. Entonces, así hazte cuenta de que uno andaba de burrito allí nomás.

ESTUDIANTE: ¿Entonces, lo más difícil fue acostumbrarse al idioma?

MADRE: Al idioma, sí, mi'jo. Eso fue difícil. Para mí fue muy difícil y el clima tan frío, pero, pues, se decía que este es el país de oportunidades. Uno tenía esa ilusión…

ESTUDIANTE: ¿Era la primera vez que veías nieve?

MADRE: Sí, mi'jo. Yo no la había visto ni en las películas ni en ninguna otra parte. Nosotros no teníamos televisión. Con trabajos teníamos una radio.

ESTUDIANTE: ¿Y qué pensaste cuando viste la nieve?

MADRE: Se me hizo bien bonita. Decía: "¡Tanta!". Y yo quería comérmela… hasta la probé. Se me figuraba como que era un sueño.

ESTUDIANTE: ¿Cuántos años tenías cuando llegaste?

MADRE: Tenía veinte, mi'jo.

9. ESTUDIANTE: ¿Cuál fue tu primer trabajo?

MADRE: Mi primer trabajo, mi'jo, fue en una fábrica que se llamaba la "Mulai". Allí entré con papeles chuecos[4] porque yo no tenía.

ESTUDIANTE: ¿Y qué hacías allí?

MADRE: Era una operadora de máquinas y hacíamos partes de plástico. Allí trabajé hasta que me salí para aliviarme[5] de Ramón. El trabajo era muy pesado. Para almorzar me daban diez minutos.

ESTUDIANTE: ¿Tan poquito?

MADRE: Sí, y diez minutos para ir al baño. En esas fábricas, no podías decir que querías ir al baño y parar la máquina. Había que esperar hasta que te tocase el *break* para poder ir al baño. Era bien feo, mi'jo. Y si te andaba[6], te aguantabas hasta que te

---

[4]documentos obtenidos ilegalmente

[5]en México, dícese de dar a luz o parir

[6]en México, dícese de querer ir al baño

tocara el *break*. Era bien duro, mi'jo. Cuando yo estaba embarazada, trabajé hasta que me salí a aliviar. Luego, cuando nació Moncito, regresé al mes de aliviada y me agarraron los de inmigración la misma semana que regresé.

ESTUDIANTE: ¿Y después qué pasó? ¿Te mandaron para México?

MADRE: No. Yo peleé… y peleé porque yo ya tenía mi niño que había nacido aquí en EE.UU. Les dije que era cierto que yo no tenía derecho de estar aquí en EE.UU., pero que mi niño sí porque había nacido aquí. Además les dije que mi niño necesitaba un doctor. Después de todo, me dieron un permiso para quedarme.

ESTUDIANTE: ¿Cuánto sueldo ganabas?

MADRE: Ganaba como 60 dólares a la semana.

ESTUDIANTE: ¿Cómo conseguiste el trabajo?

MADRE: Me lo consiguió mi tío, el hermano de mi papá. Él trabajaba allí también.

10. ESTUDIANTE: ¿Cómo era el primer apartamento donde vivieron?

MADRE: Chiquito, mi'jo, nomás tenía sala, cocina, y dos recámaras.

ESTUDIANTE: ¿Cuántos vivían en el apartamento?

MADRE: Vivíamos ocho.

ESTUDIANTE: ¿Quiénes eran?

MADRE: Hubo largo tiempo, mi'jo, que estuvimos viviendo allí tu tío José con su esposa Elisa y sus dos hijas, tus padrinos Pablo y Carmen, tu papi y yo.

ESTUDIANTE: ¿Y dónde dormían todos?

MADRE: Tu tío José y tu tía Elisa dormían en la sala con las niñas, nosotros en un cuartito, y tus padrinos Pablo y Carmen en otro cuartito.

11. ESTUDIANTE: ¿Hay alguna historia que quieras contarme acerca de tus primeros años en EE.UU.?

MADRE: Pues, me hizo feliz cuando nació Moncito. Él nació en diciembre, y ya te imaginarás qué frío hacía. Un día, lo tuve que llevar a la clínica, al doctor, y hacía muchísimo frío. Sólo tenía una cobijita y había que esperar el autobús. Y me acuerdo que yo estaba en la parada del autobús y el niño nomás estaba encogido. Se encogía y yo nada más lo apretaba contra mí. Yo sólo tenía una chamarra delgadita y el niño con una pura cobijita y sin suéter y sin nada; nomás su camisetita y su pañal porque no teníamos dinero, mi'jo. Eso me hizo sentir muy triste. Lo bonito fue que en la clínica, al ver que llevaba al niño, me dieron ropa para él. Me dieron gorritas, bufanditas y guantecitos para que yo abrigara más a mi niño, pobrecito. Cuando tú naciste, yo duré tiempo trabajando siete días corridos. Así duré como tres o seis meses sin parar. ¿Y sabes cuánto sacaba trabajando los siete días a la semana?

ESTUDIANTE: ¿Cuánto?

MADRE: Ganaba 300 dólares, mi'jo. Yo le decía a tu papi: "Siquiera con esto nos ayudamos". Y tu papi cuidaba a los niños y cuando yo llegaba, él ya me tenía la comida hecha y había bañado a los niños. Yo llegaba muy cansada, pero yo le decía a tu papi: "Si no le hacemos así, Viejo, no nos alcanza y no podemos hacer un ahorrito para juntar dinero y sacar a los niños adelante. Hay que ahorrar para que cuando los niños vayan a la escuela, nosotros ya tengamos dinerito y no nos veamos tan apurados". Yo, si volviera yo a hacer mi vida y empezar de nuevo, yo volvería a hacer todo porque sí valió la pena. A pesar de que sufrimos mucho, hicimos muchos sacrificios y trabajamos mucho, la vida fue bonita, mi'jo, porque más que nada, tu papi y yo queríamos tratar de hacer un futuro para nuestros hijos y lo logramos. Siquiera ustedes están saliendo adelante con sus estudios y nos llena de alegría a tu padre y a mí que tus hermanos agarraron[7] una carrera y llegaron a la meta. Cuando nació cada uno de ustedes y los tuve por primera vez en mis brazos, rogué: "¡Ay, Dios mío, ayúdame a hacer de mi hijo un hombre de bien". Valió la pena mucho llegar aquí a EE.UU. porque ustedes pudieron recibir becas, estudiar y llegar a ser alguien en la vida.

[7]estudiaron

ESTUDIANTE: ¿Piensas regresar a México algún día?

MADRE: Mi'jo, yo si regreso a México, será cuando tu papi y yo estemos pensionados y sólo si ustedes ya no nos necesitan. Así quizás sí, mi'jo, porque allá, el clima es más lindo, la comida y todo es más natural.

Paso 2. En grupos de tres, comparen sus reacciones a la historia que esta madre le contó a su hijo.

Paso 3. Contesta las siguientes preguntas.

¿Qué valor tiene esta entrevista?

_____

_____

¿Qué habría pasado con estas historias si el hijo no las hubiera escrito?

_____

_____

¿Qué quiere enseñar la mamá a su hijo al contarle su historia?

_____

_____

La mamá podría haber escrito o grabado sus propias historias. El hecho de que esto fue un diálogo entre mamá e hijo, ¿qué valor tiene, aparte del contenido de la conversación?

_____

_____

Estos jóvenes están organizando ropa donada. La historia anterior nos enseña la importancia de tener ropa adecuada para el clima, para el trabajo y para proteger a los pequeños. ¿Conoces algún programa que done ropa a gente en tu comunidad?

Paso 4. ¿Cómo se comparan las experiencias en esta historia oral con lo que has aprendido de la comunidad latina local en este curso?

Igual a la historia de esa familia _____

_____

_____

_____

A diferencia de la historia de esa familia _____

_____

_____

_____

Actividad 16-3

¿CÓMO RESCATAR TU HISTORIA FAMILIAR?

Paso 1. Entrevista a otro/a estudiante sobre las historias de su familia y completa esta información.

❑ La familia de mi compañero/a también tiene una historia interesante sobre la inmigración:

_____

_____

_____

_____

❑ La familia de mi compañero/a tiene una historia diferente, pero interesante, por las siguientes

razones: _____

_____

_____

_____

Paso 2. ¿Qué tema te gustaría tratar en una entrevista con una persona de tu propia familia?

❑ Una anécdota familiar
❑ Un episodio familiar trascendente (migración, un premio, un nuevo negocio)
❑ La historia de cómo la familia enfrentó un hecho histórico (la Segunda Guerra Mundial, la Gran Depresión de 1929, etc.)
❑ La historia de cómo se conocieron y enamoraron tus padres/abuelos/tíos.

❑ Otro tema: _____

Paso 3. El hijo de la historia anterior le hizo muchas preguntas a su madre que llevaron a una conversación más amplia. Prepara cuatro preguntas para la entrevista con tu pariente.

1. _____

_____

2. _____

_____

3. _____

_____

4. _____

_____

Si es posible, haz la entrevista con la persona seleccionada y luego compártela con la clase.

Paso 4. ¿Quién sería el público para esta historia oral? ¿Importa? Muchas veces queremos contar una historia para informar a los jóvenes para que conozcan la historia de las generaciones anteriores. Pero no siempre. Visita la página www.pearsonhighered.com/comunidades y sigue los enlaces para "los que se quedaron".

¿A qué público va dirigido? _____

_____

_____

¿Qué quiere que sepan? _____

_____

_____

L ección 17

¿En tu comunidad hay vivienda accesible para todos?

¿Te gusta la casa o apartamento donde vives? ¿Por qué sí o por qué no? Sentirse seguro y a gusto en casa es muy importante, pero no todos tienen ese lujo. En esta lección describirás cómo llegaste a vivir donde vives, compararás ese proceso con él de los inmigrantes y estudiarás algunos datos del censo para entender mejor las cuestiones de vivienda —y otros asuntos— en el estado donde vives.

Actividad 17-1

¿CÓMO ENCONTRASTE TU VIVIENDA ACTUAL?

 Paso 1. Entrevista a un/a compañero/a de la clase e indica el orden de importancia —1 es el más importante; 12 es el menos importante— que tenían para él/ella estas características cuando buscaba su vivienda actual en la universidad.

_____ los compañeros de casa   _____ que el apartamento te gustara

_____ la distancia de la universidad   _____ ubicación

_____ el precio   _____ tu dinero disponible

_____ no tener compañeros de casa   _____ el dinero disponible de tus padres

_____ acceso fácil al transporte público   _____ el aval (*cosign*) de tus padres

_____ seguridad   _____ otro: _____

Compara y contrasta tus preferencias con las de tu compañero/a.

Paso 2. ¿Cómo encontraste tu vivienda actual? Puedes marcar más de una.

❑ un anuncio en el periódico
❑ un cartel enfrente de la casa/el apartamento
❑ un contacto personal
❑ un aviso puesto en una pared en la universidad
❑ un aviso puesto en una pared en un café/librería/etc.
❑ un aviso en internet
❑ otro: _____

Paso 3. ¿Qué problemas tuviste a la hora de buscar tu vivienda actual?

❑ alquileres muy caros
❑ depósitos muy caros
❑ no entendías los contratos
❑ a los otros compañeros les gustaban más otros apartamentos
❑ tuviste que faltar a tus clases para poder llegar a las citas para ver los apartamentos
❑ te fue difícil encontrar el lugar de los apartamentos
❑ la discriminación
❑ la competencia; es decir, muchas otras personas querían alquilar el mismo apartamento
❑ otro: _____

Actividad 17-2

¿ES EL PROCESO DE BUSCAR VIVIENDA IGUAL PARA TODOS?

Paso 1. ¿Todos tienen la misma experiencia al buscar casa? Con una pareja, consideren esta situación y contesten las preguntas.

Un señor mexicano de 30 años acaba de llegar a tu ciudad. No conoce a nadie, no habla inglés y no tiene carro. Se está quedando en un hotel mientras busca casa.

1. ¿Qué le importará más?

Lo mismo que a nosotros _____

_____

_____

A diferencia de nosotros _____

_____

_____

2. ¿Cómo encontrará un lugar para vivir?

Igual que nosotros _____

_____

_____

A diferencia de nosotros _____

_____

_____

3. ¿Qué problemas tendrá?

Los mismos que nosotros _____

_____

_____

A diferencia de nosotros _____

_____

_____

4. ¿Creen que este señor podrá encontrar vivienda en tu ciudad?

❑ Sí, porque _____

_____

❑ Sí, pero _____

_____

❑ No, porque _____

_____

Paso 2. ¿Qué has observado sobre la vivienda en tu trabajo en la comunidad? ¿Qué problemas o cuestiones de vivienda han surgido? ¿Has visto algo en cuanto a la vivienda que te haya sorprendido o impresionado? Comparte tus experiencias con la clase.

Paso 3. El Estado también se ocupa de las cuestiones de vivienda y el desarrollo de las comunidades. Visita la página www.pearsonhighered.com/comunidades y sigue los enlaces para el Departamento de Vivienda y Desarrollo Urbano. Infórmate sobre los servicios que ofrece y busca información específica sobre tu comunidad y/o la comunidad en que estás trabajando. Indica tu reacción a la información.

❑ En esta comunidad hay muchos servicios para asuntos relacionados con la vivienda.

❑ En este estado hay muchos servicios, pero no en esta comunidad.

❑ Si un día compro una casa, pienso volver a esta página porque hay información útil para todos.

❑ Otra cosa: _____

_____

Cuando trabajas en la comunidad para esta clase, estás empleando tu español y aprendiendo sobre la cultura. Si tu trabajo en la comunidad tiene que ver con la construcción, ¿qué otros conceptos académicos podrías relacionar con tu trabajo? ¿Las matemáticas? ¿La física? ¿La ingeniería? ¿Qué más?

Actividad 17-3

¿QUÉ NOS DICEN LOS DATOS SOBRE LA VIVIENDA Y NUESTRAS COMUNIDADES?

Paso 1. Vamos a ver si has llegado a conocer bien la comunidad en que trabajas para este curso.

¿Cuántos idiomas crees que se hablan en tu comunidad?
Muchísimos / muchos / unos cuantos / muy pocos

Tu profesor/a te presentará los datos. ¿Acertaste?

Paso 2. Los datos del censo indican que se habla una lengua diferente del inglés en 17,9% de los hogares en EE.UU. ¿Cómo se comparan esas estadísticas con lo que averiguaste en el **Paso 1**?

❑ 1. En nuestra comunidad son más los que hablan otro idioma que el promedio para el país.

❑ 2. En nuestra comunidad son menos los que hablan otro idioma que el promedio para el país.

❑ 3. Son iguales.

Paso 3. Ahora vamos a estudiar algunos datos sobre los condados de tu estado. Tu profesor/a formará grupos de estudiantes y a cada grupo le tocará un condado diferente. Estudien los datos que les da el/la profesor/a y apunten la siguiente información.

1. Población: _____

2. Personas por milla cuadrada: _____

3. Latinos: _____

4. Dueños de casa: _____

5. Valor medio de las casas: _____

6. Personas por casa: _____

7. Valor medio de los ingresos por casa: _____

8. Gente con bachillerato (*bachelor's degree*): _____

9. Personas que viven en pobreza: _____

Paso 4. Presenten su información a la clase. Tomen apuntes para contestar estas preguntas.

1. ¿Cuáles son los condados rurales?

_____

2. ¿Los urbanos? _____

3. De esta información, ¿qué te sorprendió más?

_____

_____

4. Si una persona gana el sueldo mínimo en su trabajo, ¿le es posible comprar una casa en uno de esos condados? Explica.

_____

_____

5. ¿Qué opinas del nivel de vida que su condado ofrece?

_____

_____

6. ¿A qué conclusiones podemos llegar acerca de la vivienda accesible en nuestro estado?

_____

_____

Lección 18

¿Cómo se relacionan la vivienda y la calidad de vida?

En la lección anterior examinaste algunos aspectos de la vivienda. En esta lección indagarás más acerca del gran papel de la vivienda en la vida de todos: enumerarás los problemas frecuentes con la vivienda, establecerás las conexiones entre vivienda y calidad de vida, y, finalmente —para no notar siempre lo negativo— identificarás las cosas de gran valor que existen en la comunidad donde trabajas.

Actividad 18-1

¿QUÉ TIPO DE PROBLEMAS PUEDE HABER CON LA VIVIENDA?

Paso 1. A cada estudiante le toca un problema de la lista. Circula por la clase, pregúntales a cinco compañeros sobre sus experiencias con ese problema, y apunta sus respuestas.

Problemas

1. compañeros que no pagan su parte
2. insectos
3. moho (*mold*)
4. aparatos que no funcionan
5. dueños que no arreglan los problemas
6. ruido de los vecinos
7. compañeros que no limpian nunca
8. compañeros que consumen tus cosas (comida, productos, etc.)
9. robo u otros problemas de seguridad
10. daños que han hecho tú o tus compañeros
11. inundación / incendio / etc.
12. Otro problema: _____

1. Nombre: _____

Respuesta: _____

_____

2. Nombre: _____

Respuesta: _____

_____

3. Nombre: _____

Respuesta: _____

_____

4. Nombre: _____

Respuesta: _____

_____

5. Nombre: _____

Respuesta: _____

_____

Presenten las respuestas y decidan qué estudiante ha sufrido el problema más grave con su vivienda.

Nombre: _____

¿Qué importancia tiene la estética en una comunidad? ¿La naturaleza? ¿El arte público? ¿Qué ejemplos de belleza ves en la comunidad donde trabajas para esta clase? ¿Y en tu universidad?

 Paso 2. Escucha la descripción de los problemas de la vivienda de una señora y contesta las siguientes preguntas.

1. ¿Qué problemas tiene la señora?

_____

_____

2. ¿Qué crees que es peligroso para los hijos pequeños?

_____

_____

3. De todos, ¿qué problema te parece más grave y urgente?

_____

_____

4. ¿Por qué crees que escogió ese lugar?

_____

_____

5. ¿Qué le aconsejarías?

_____

_____

6. ¿Existe una solución fácil?

_____

_____

Actividad 18-2

¿CÓMO AFECTA LA VIVIENDA NUESTRA FORMA DE VIDA?

Paso 1. Las investigaciones demuestran que la calidad de la vivienda no sólo afecta la salud de sus habitantes, sino el desempeño de los niños en la escuela; y hasta puede afectar el nivel de criminalidad en el vecindario. Escoge el tipo de acción que representa cada solución.

1. Problema: Los niños que no tienen vivienda digna sufren mayores incidencias de infecciones, problemas de salud mental y de comportamiento.
   Solución: Cuando haces una mejora en tu casa, donas los aparatos usados a una organización que los revende a precios bajos a las personas que quieren mejorar sus casas.

   Caridad / Voluntariado / Activismo

2. Problema: Casi 16.000.000 de personas en EE.UU. gastan 50% de sus sueldos (o más) para pagar la vivienda.
   Solución: Ayudas a formar un grupo para parar un proyecto que busca derrumbar un vecindario con alquileres bajos para construir un centro comercial.

   Caridad / Voluntariado / Activismo

3. Problema: Los niños de los dueños de casa tienen mejores notas en los exámenes de matemáticas y lectura.
   Solución: Brindas tutoría en una escuela ubicada en una zona de bajos recursos.

   Caridad / Voluntariado / Activismo

4. Problema: En los vecindarios en que los residentes son dueños de sus casas hay menos criminalidad.
   Solución: Donas dinero a un centro comunitario que provee actividades positivas para que los jóvenes no estén en la calle lo cual representa una amenaza.

   Caridad / Voluntariado / Activismo

5. Problema: Con el problema de las hipotecas de alto riesgo (*sub-prime*), muchísimas personas perdieron sus casas y algunos acabaron en la bancarrota.
   Solución: Trabajas unas horas cada semana en una oficina de ayuda legal para informar a las personas sobre sus derechos en casos de desalojo (*eviction*).

   Caridad / Voluntariado / Activismo

6. Problema: Los dueños de casa votan más en las elecciones locales.
   Solución: Manejas un auto para ir a un barrio de bajos recursos, llevar a la gente a votar y devolverlos a sus casas.

   Caridad / Voluntariado / Activismo

Paso 2. Las reacciones de las comunidades estadounidenses hacia los inmigrantes latinos varían de lugar en lugar. En algunas comunidades han pasado plebiscitos prohibiendo a los dueños a que renten sus viviendas a personas sin papeles. Por otro lado, algunas comunidades dan la bienvenida a los latinos porque han experimentado un renacimiento con la llegada de latinos que trabajan, compran y viven en sus pueblos. Discute con tu compañero/a estas preguntas.

1. ¿Cuáles son las ventajas y desventajas de cada posición?
2. ¿Creen que para las familias inmigrantes el no encontrar vivienda legalmente será una razón para irse de la comunidad? ¿Del país?
3. ¿Cuál es la población más vulnerable en las dos posturas?
4. La Ley de Equidad de Vivienda prohíbe la discriminación en la vivienda. ¿Creen que el no alquilarle viviendas a los inmigrantes indocumentados constituye discriminación? ¿Creen que alguien puede usar las características raciales de una persona para determinar si le pide sus documentos de ciudadanía? ¿Es justo eso?

Paso 3. La cultura también influye en la construcción de las casas y cómo vivimos en ellas. Indica si estas costumbres son parte de tu propia cultura.

1. casas con un patio interno   Sí / No
2. sótano donde la gente pasa el tiempo, incluso duerme   Sí / No
3. casa rodeada por una cerca y un portón cerrado con llave   Sí / No
4. cisterna para recoger la lluvia debido a la escasez de agua   Sí / No
5. casas hechas de madera   Sí / No
6. cerrar todas las cortinas donde da el sol para que la casa no se caliente   Sí / No
7. pisos de azulejo o mármol   Sí / No
8. cocina aislada y con puerta   Sí / No
9. casas hechas de cemento reforzado con acero   Sí / No
10. alfombra en toda la casa   Sí / No

¿Cuáles son otras diferencias culturales que has notado en la manera de construir las casas o vivir en ellas? Intenta explicar algunas de estas diferencias. Por ejemplo: en un clima cálido, un piso de azulejo es más fresco que una alfombra; en una zona expuesta a huracanes o terremotos, las paredes de cemento reforzado son más resistentes; entre otras.

_____

_____

_____

_____

Actividad 18-3

¿SABEMOS RECONOCER TODAS LAS COSAS DE VALOR EN LA COMUNIDAD?

Paso 1. Todas las comunidades tienen necesidades y riquezas. No debemos dar tanta importancia a las cuestiones económicas que nos impidan ver otras cosas de valor en esas comunidades. Para cada afirmación en la lista, indica qué tipo(s) de valor representa.

	Valor social	Valor cultural	Valor ambiental	Valor económico
1. una biblioteca pública en el barrio	❑	❑	❑	❑
2. una asociación informal de adultos que vigila el barrio y colabora con la policía	❑	❑	❑	❑
3. un premio anual para el jardín más bello del vecindario	❑	❑	❑	❑
4. un parque público con espacios para hacer ejercicio y descansar	❑	❑	❑	❑
5. una escuela con una directora bilingüe	❑	❑	❑	❑
6. un banco con un programa de microcrédito	❑	❑	❑	❑
7. una organización de empresarios locales	❑	❑	❑	❑
8. una iglesia local que organiza varios programas de ayuda social	❑	❑	❑	❑

 Paso 2. Con una pareja, decidan si existen las cosas del **Paso 1** en la comunidad donde trabajan. ¿Qué otras cosas de valor han visto en la comunidad?

 Paso 3. Ahora vamos a pensar en tu comunidad universitaria. ¿Qué tipo de experiencia has tenido en tu universidad? ¿Es un lugar rico en experiencias positivas? ¿Pobre en algunos aspectos? En grupos de tres, apunten sus opiniones.

1. Factores que enriquecen las experiencias de estudiantes en esta universidad:

_____

_____

_____

2. Factores que empobrecen la experiencia de los estudiantes en esta universidad:

_____

_____

_____

Es importante reconocer que todas las comunidades tienen cosas de valor y que incluso en las comunidades más privilegiadas —como muchas universidades— hay cosas que faltan. Cuando trabajas en la comunidad, hay que prestar atención a las dos cosas.

Actividad concluyente

¿CÓMO SERVIR Y APRENDER EN UNA CLÍNICA?

Hemos visto que la vivienda puede afectar la salud, y sabemos que muchas veces en nuestras comunidades se necesitan personas que sepan hablar español para ayudar en clínicas de dentistas, médicos y terapeutas de todo tipo. ¿Tu trabajo en la comunidad tiene que ver con la salud? ¿Cómo podemos ayudar y aprender en el ámbito de la salud?

Paso 1. Visita la página www.pearsonhighered.com/comunidades y sigue los enlaces para la salud. Selecciona un tema que conozcas bien —algo que tú hayas experimentado o que alguien que conozcas haya experimentado— e infórmate sobre él. Selecciona la frase que mejor describe tu reacción.

❑ Conozco muy bien el vocabulario en español para hablar de este tema. Yo podría servir de intérprete en una clínica.
❑ Algunas palabras ya conocía, otras no. Creo que con un poco de esfuerzo, yo podría dominar este vocabulario y ser de ayuda en una clínica.
❑ No conozco este vocabulario; me fue difícil entender la información. Yo sería más un estorbo que una ayuda en una clínica.
❑ Otra cosa: _____

Paso 2. Si trabajas en una clínica, es importante conocer el vocabulario apropiado. ¿Son también los números importantes en este contexto? Escucha las instrucciones de un doctor y contesta las siguientes preguntas.

1. La niña pesa 62 libras. ¿Debe tomar pastillas de cuántos miligramos?

_____

2. Estas pastillas se venden en envases de 25, 50 ó 100. ¿Qué envase hay que comprar?
¿Por qué? _____

3. ¿Es importante saber entender y usar los números en un contexto médico? ¿Es fácil?

_____

Paso 3. El vocabulario específico y los números son importantes para tener una buena comunicación entre el especialista y el paciente. Sin embargo, también hay que tomar en cuenta las diferencias culturales. A continuación hay una lista de prácticas culturales de algunos grupos (no necesariamente de latinos) acerca de la salud y la medicina. ¿Qué problemas puede haber si no se consideran estas diferencias en el tratamiento?

1. La mujer usa una faja (*girdle*) inmediatamente después de dar a luz.
2. Al sentir un malestar intestinal se toma una infusión.
3. Si el paciente se encuentra muy grave, el doctor se lo dice a los parientes más cercanos, pero no al paciente.
4. La dieta prohíbe ciertos alimentos o combinaciones de alimentos.
5. Las bebidas frías o con hielo se consideran malas para la salud.
6. Está mal visto quejarse, incluso del dolor.
7. Las enfermedades mentales se consideran una vergüenza familiar.

Paso 4. Obviamente, hay riesgos si los estudiantes trabajan en un ambiente médico. ¿Cómo se puede controlar los riesgos para crear una relación de beneficio recíproco?

❑ Seleccionar a los estudiantes que hablen muy bien y que conozcan bien la cultura.
❑ Aceptar a todos los estudiantes con un nivel mínimo de español pero ofrecerles un entrenamiento intensivo antes de que puedan trabajar en una clínica.
❑ Limitar la participación de los estudiantes a trabajos con menos riesgo: ayudar a los pacientes a llenar formularios, hacer preguntas básicas siguiendo un guión, hacer llamadas telefónicas para hacer citas, etc.
❑ No se debe poner a los estudiantes a trabajar en ningún contexto médico.
❑ Otra posibilidad: _____

_____

UNIDAD CINCO

En todas las clases de español se enseña lengua y cultura, pero con el aprendizaje en la comunidad se puede participar en la cultura y verla de cerca. Las personas en esta foto dan de comer a personas necesitadas. ¿Qué elementos culturales notas en esta foto? ¿Qué elementos culturales has notado en tu trabajo en la comunidad?

Reflexiones y conclusiones

En breve

La reflexión es una constante en nuestras vidas; no es solamente una tarea más en una clase de aprendizaje en la comunidad. Para reflexionar, hay que detener la actividad para ver las cosas desde una perspectiva más amplia. Con esa pausa es más fácil ver conexiones, patrones y posibilidades dentro de una serie de eventos que pueden parecer a primera vista disparejos. Así que la reflexión nos permite aprender y hacer planes para el futuro.

¿Qué has aprendido en este curso? ¿En tu trabajo en la comunidad? El aprendizaje es un proceso acumulativo. Seguramente aprendiste cosas importantes en otras clases que te sirvieron en esta. Asimismo, en tus futuras clases podrás utilizar las habilidades que desarrollaste en este curso. Más allá de la nota que recibirás en el curso, ¿cómo has cambiado como persona?, ¿qué impacto has tenido en la comunidad?

En esta última unidad, evaluaremos lo que hemos contribuido y lo que hemos aprendido. En tu trabajo en la comunidad, ¿se ha creado una relación de beneficio mutuo? Para saberlo, tenemos que reflexionar —el tema de la **Lección 19** y una acción frecuente de este curso—. El aprendizaje en la comunidad no es un método perfecto, pero sí es único; en la **Lección 20** se explora qué y de quién se aprende en un curso de este tipo. El papel del español en EE.UU. ha cambiado mucho en las últimas décadas, y los programas de español en la universidad han tenido que responder a esos cambios. La **Lección 21** permite que los estudiantes expresen sus razones para estudiar el español para ver si coinciden con lo que se enseña. A través del semestre, este libro y tu profesor/a te han preguntado qué estás sacando de tus experiencias en la comunidad, y es en la **Lección 22** donde se te anima a que examines qué habrá sacado la comunidad de tus esfuerzos. La última lección de la unidad y del libro enfatiza la importancia de cerrar la experiencia en la comunidad despidiéndote de manera profesional y dejando el camino abierto para futuros estudiantes y, posiblemente, para que tú también sigas contribuyendo a la comunidad con tu conocimiento de la lengua española, las culturas latinas y las habilidades profesionales que has desarrollado a lo largo del curso.

L ección 19

¿Es la reflexión realmente esencial para el aprendizaje en la comunidad?

La mayoría de los cursos universitarios no incorporan la reflexión. Sin embargo, los estudios demuestran que es de gran valor. ¿Te ha gustado la idea de reflexionar o no? ¿Te ha sorprendido de que se dé valor a tus pensamientos tanto como a los "hechos"? En esta lección verás la importancia que tiene para este curso y para la sociedad.

Actividad 19-1

¿CUÁNDO NOS PONEMOS A REFLEXIONAR?

 Paso 1. Cada cultura tiene momentos de reflexión, muchas veces asociados con algunos ritos, días festivos o celebraciones. ¿Cuándo se pone a reflexionar la gente? Entrevista a un compañero/a, apunta sus respuestas e indica si son momentos de reflexión individual o colectiva.

El momento	Reflexión individual	Reflexión colectiva	Comentarios
1.	❑	❑	
2.	❑	❑	
3.	❑	❑	
4.	❑	❑	

Paso 2. Con una vida hiperactiva, las personas no se detienen a reflexionar. Hay otras personas que piensan y repiensan tanto las cosas que se quedan paralizadas a la hora de actuar. ¿Qué tipo de persona eres tú?

Dedico _____% de mi tiempo a la reflexión y _____% a la acción.

¿Tienes un buen balance? ❑ Sí. ❑ Está bien, pero podría haber más equilibrio. ❑ No.

¿Qué adjetivo te describe mejor? Reflexivo/a / Hiperactivo/a / Pasivo/a / Trabajador/a / Enérgico/a / Agobiado/a / Atareado/a / Eficiente / Ensimismado/a / Introspectivo/a / Distraído/a / Cauteloso/a / Otro: _____

Actividad 19-2

¿QUÉ PAPEL TIENE LA REFLEXIÓN EN ESTE CURSO?

 Paso 1. Con una pareja, apunten momentos en que los estudiantes se ponen a reflexionar en este curso. También indiquen si son momentos de reflexión individual o colectiva.

El momento	Reflexión individual	Reflexión colectiva	Comentarios
1.	❑	❑	
2.	❑	❑	
3.	❑	❑	
4.	❑	❑	

 Paso 2. Los estudiantes en este curso tienen que reflexionar con frecuencia sobre lo que observan y aprenden en la comunidad. Sería interesante saber cuáles son las reflexiones de las personas en la comunidad sobre esas mismas experiencias. Con una pareja, piensen en dos preguntas que les gustaría hacer a los miembros de la comunidad para saber qué piensan de su interacción con los estudiantes de este curso.

1. _____

_____

2. _____

_____

CW **Paso 3.** Visita la página www.pearsonhighered.com/comunidades y sigue los enlaces para ver información sobre el impacto de prestar servicio en la comunidad. Contesta estas preguntas.

1. ¿Esta información se aplica al tipo de trabajo que haces tú en la comunidad?

Sí / No, porque _____

2. ¿Esta información contestó las preguntas que formulaste en el Paso 2?

Sí / No, porque _____

Paso 4. Algunos estudiantes que participaron en el aprendizaje en la comunidad dicen que en el momento que se les pidió que escribieran sus reflexiones no entendieron su importancia, pero después reconocieron su gran valor. Por ejemplo, cuando buscan trabajo y tienen que dar ejemplos específicos de sus experiencias de liderazgo, revisan sus reflexiones escritas y encuentran material para formular sus respuestas. ¿Qué otro valor futuro ves en las reflexiones que has hecho a través del semestre?

_____

_____

_____

¿Es la escritura la única manera de reflexionar? ¿Hay otras maneras de expresar las ideas que surgen cuando reflexionas? ¿Qué piensas de estas otras maneras de concretizar tus ideas? Por ejemplo: dibujar, filmar, sacar fotos, charlar, crear música.

Actividad 19-3

¿CUÁNTO HAS APRENDIDO A LO LARGO DEL CURSO?

Paso 1. Al principio del semestre, hemos considerado algunas de las metas del aprendizaje en la comunidad, y ahora evaluaremos si las hemos conseguido. Entrevista a un/a compañero/a, marca las metas que él/ella cree haber conseguido y apunta ejemplos específicos.

Mi compañero/a _____ (nombre) piensa haber...

❑ 1. contribuido con algo de valor a la comunidad.

_____

_____

❑ 2. reflexionado sobre sus experiencias en la comunidad.

_____

_____

❑ 3. usado sus conocimientos y habilidades académicas en situaciones no-académicas.

_____

_____

❑ 4. ido más allá de lo que se enseña en la universidad, haciendo que el aprendizaje pase de los límites del salón de clase.

_____

_____

❑ 5. valorado a otras personas y otros grupos.

_____

_____

❑ 6. sentido un mayor compromiso con la comunidad.

_____

_____

❑ 7. practicado sus capacidades de liderazgo.

_____

_____

❑ 8. ayudado a construir buenas relaciones entre la universidad y la comunidad.

_____

_____

Paso 2. ¿Refleja tu diario lo que has aprendido en este curso? ¿Ha habido un progreso en tu habilidad para expresarte e indagar de manera profunda en tus observaciones? Lee las entradas de diario de una estudiante en la página 130 y luego contesta las preguntas.

Describe cómo tu trabajo en la comunidad ha afectado tus ideas sobre tu experiencia en la universidad.

No hay duda de que mi experiencia en la universidad ha cambiado debido a mis experiencias de prestar servicio para este curso. Mis experiencias habían sido todas positivas, pero ahora ha aumentado la calidad de mi gran aventura aquí. Siempre me ha encantado la lengua española, pero me faltaba confianza. Mi semestre en España me ayudó mucho en este sentido porque viví con una señora y siempre hablaba con españoles. Mejoré mi habilidad de comunicarme en español. Sin embargo, todos sabían que yo era extranjera y no importaba si decía una palabra incorrecta o con mala pronunciación. Pero cuando presto servicio en la escuela, los errores no son tan aceptados y he tenido que desarrollar mis habilidades de liderazgo. Tengo que tener confianza cuando hablo español con los niños, y por eso mi habilidad de hablar y expresarme en español ha mejorado y he llegado a ser una persona más llena de confianza. Finalmente, esta experiencia me permite participar más en la comunidad.

¿Cómo ayudaste en tu trabajo en la comunidad este semestre?

¡Ayudé mucho! Primero tuve que traducir una conversación del español al inglés (y al revés) que se trataba de tarjetas verdes, visas e inmigración. Luego, vinieron una mujer joven, su novio y su bebé y tuve que traducir de nuevo hasta que llegó mi supervisora. Además, contesté el teléfono una vez.

¿Cómo te sentiste?

Me sentí, al principio, muy nerviosa, sobre todo con el teléfono porque me da miedo. Tenía miedo de traducir las conversaciones porque tenía miedo de que iba a interpretar algo mal. Pero después de la primera conversación, tenía confianza y me sentí orgullosa de mí misma por haber ayudado a alguien. Tenía confianza en mis habilidades y estaba contenta de haber aprendido nuevo vocabulario y ganado experiencia.

1. ¿Qué entrada de diario se escribió al principio del semestre?

la primera / la segunda / las dos

¿Por qué piensas eso? _____

2. ¿Qué entrada de diario habla de lo que ha hecho la estudiante y también de lo que ha aprendido?

la primera / la segunda / las dos / ninguna

Explica. _____

3. ¿Cómo se asemejan tus entradas de diario con las de esta estudiante?

4. ¿Cómo se diferencian? _____

_____

_____

_____

Paso 3. Una gran diferencia que se suele notar en las entradas de diario del principio del semestre y las de finales del semestre es el nivel de confianza del/de la estudiante. ¿Tú te sientes más cómodo/a haciendo tu trabajo en la comunidad ahora que al principio? Prepara una lista de tres logros en la comunidad que te han hecho sentir más seguro/a de ti mismo/a.

1. _____

_____

_____

2. _____

_____

_____

3. _____

_____

_____

En conclusión, ¿crees que la reflexión a lo largo del semestre te ha ayudado a entender mejor tus experiencias y tu proceso de aprender?   ❑ Sí   ❑ Un poco   ❑ No   ❑ No sé.

20

¿Qué aprendemos con el aprendizaje en la comunidad que no se puede aprender en un libro?

Tomar una clase de este tipo requiere un mayor esfuerzo para los estudiantes, ya que tienen que salir a la comunidad y enfrentarse con situaciones difíciles. Dar una clase de este tipo también requiere un mayor esfuerzo para tu profesor/a por que hay que coordinar las actividades de los estudiantes con las organizaciones en la comunidad. ¿Valdrá la pena? En esta lección determinarás qué estás aprendiendo en la comunidad, decidirás qué se puede aprender de una persona que no sea tu "profesor/a" y considerarás la importancia de tener acceso a expertos.

Actividad 20-1

¿QUÉ ESTAMOS APRENDIENDO CON EL APRENDIZAJE EN LA COMUNIDAD?

Paso 1. ¿Un semestre es suficiente para poder conocer la comunidad en que trabajas? ¿Para mejorar tu español? ¿Para saber más de las culturas latinas? Entrevista a tu compañero/a sobre el tiempo que ha trabajado en la comunidad y contesta estas preguntas. (**OJO:** Fíjate en las expresiones de tiempo. ¿Las conoces todas?)

1. ¿Cuándo empezaste a trabajar en la comunidad? _____

_____

2. ¿Cuánto tiempo llevas en tu trabajo? _____

_____

3. ¿Hace cuánto tiempo que no vas a tu trabajo en la comunidad? _____

_____

4. ¿Hacía cuánto tiempo que no prestabas servicio en la comunidad antes de tomar este curso?

_____

5. ¿Cuánto tiempo te queda por trabajar en la comunidad? _____

_____

6. ¿Cuántas horas de trabajo te faltan para completar los requisitos de este curso?

_____

Paso 2. En grupos de tres, marquen las frases con que están de acuerdo y den ejemplos específicos. Añadan uno más.

Estamos aprendiendo...

❏ 1. que tenemos mucho más que aprender.

_____

_____

❏ 2. que es fácil hablar español con hablantes nativos.

_____

_____

❏ 3. que el trabajo de nuestros supervisores en la comunidad es más complicado de lo que pensábamos.

_____

_____

❏ 4. que la vida de los inmigrantes en nuestra comunidad es más complicada de lo que pensábamos.

_____

_____

❑ 5. que el aprendizaje de la lengua y la cultura en la comunidad es menos estructurado que en el aula y requiere más flexibilidad por parte de los estudiantes.

_____

_____

❑ 6. que prestar servicio no es suficiente; debemos ser más activos en el proceso político.

_____

_____

❑ 7. que... _____

_____

_____

Paso 3. Tu profesor/a asignará a cada estudiante una pregunta. Circula por la clase, hazle la misma pregunta a varios compañeros y apunta sus respuestas. (**OJO:** ¡No todas las respuestas necesariamente serán positivas!)

¿Qué has aprendido este semestre de...?

1. la lengua española
2. la comunidad latina en tu ciudad
3. la ciudad en general
4. la gente con quien has trabajado
5. tus compañeros de clase
6. ti mismo/a

Nombre	Respuesta
1. _____	_____
2. _____	_____
3. _____	_____
4. _____	_____
5. _____	_____
6. _____	_____

Presenta las respuestas a la clase. Luego, comenten las siguientes preguntas. Por último, escribe tu conclusión a las mismas.

¿Se aprenden cosas diferentes en las organizaciones diferentes donde trabajan?

_____

¿Están ustedes aprendiendo lo que pensaban que iban a aprender?

_____

¿Podrían haber aprendido estas mismas cosas sin salir a trabajar en la comunidad?

_____

Actividad 20-2

¿QUÉ APRENDEMOS DE LA GENTE EN LA COMUNIDAD QUE NO APRENDEMOS DE LOS PROFESORES?

Paso 1. Muchas veces reconocemos a las personas con autoridad y conocimientos especiales por sus títulos. Por ejemplo, en la universidad, los títulos "profesor/a" o "doctor/a" suelen evocar cierto respeto. ¿Pero qué pasa en la comunidad donde las personas con autoridad y conocimientos especiales llevan otros títulos, ningún título oficial o no usan los títulos que tienen? Describe qué significan estos títulos en español.

don/doña:

_____

padre:

_____

hermana:

_____

comadre/compadre:

_____

señor/señora/señorita:

_____

licenciado/a:

_____

dama/caballero:

_____

distinguido/a:

_____

honorable:

_____

¿Qué has observado durante tu trabajo en la comunidad? ¿Qué otros títulos o términos de respeto usa la gente?

Paso 2. En un estudio, gente de muchas organizaciones colaboradoras presentó su perspectiva sobre lo que significa para ellos colaborar con gente de la universidad. Lee esta cita.

"... *[the community partners] expect campus partners to understand and value their organization's expertise at all staff levels. They also hope that campus partners acknowledge the academic, as well as the experiential credentials of their community partners, since many directors of community institutions hold advanced degrees and are highly trained. The community members suggested more effective and longstanding community/campus partnerships are likely to develop when there is parity among the partnership members.*"

(Leiderman, Sally, et. al., "Building Partnerships with College Campuses: Community Perspectives," The Council of Independent Colleges, p. 7)

Tomando en cuenta esta cita, analiza la colaboración con la gente en la comunidad en la que trabajas. _____

_____

_____

_____

Paso 3. Escucha las experiencias y conocimientos de una señora que trabaja en un centro para inmigrantes y contesta las siguientes preguntas.

1. ¿Cuáles son las credenciales académicas de Débora? _____

_____

2. ¿Cuál es su experiencia profesional (*experiential credentials*)? _____

_____

3. ¿Cómo sabría un/a estudiante que empezara a trabajar en el centro que tiene esas credenciales? _____

4. ¿Qué podría pasar si el/la estudiante no lo descubriera nunca? _____

_____

5. ¿Qué podrías aprender tú de la doctora Weber? _____

_____

Actividad 20-3

¿HAY GENTE EXPERTA EN LA COMUNIDAD?

Paso 1. ¿Es necesario tener un título universitario para ser experto? Entrevista a otro/a estudiante de la clase y apunta sus respuestas.

Nombre de mi compañero/a: _____

1. Si él/ella se peleara con su amigo/a o novio/a y se sintiera muy mal, consultaría con _____ (nombre) porque _____

_____

2. Si él/ella tuviera que gastar mucho dinero en algo y no quisiera equivocarse, consultaría con _____ (nombre) porque _____

_____

3. Si él/ella necesitara que alguien le aconsejara sobre su vida profesional, consultaría con _____ (nombre) porque _____

_____

4. Si él/ella tuviera un problema de salud, consultaría con _____ (nombre) porque _____

_____

5. Si él/ella se encontrara en una crisis muy urgente, consultaría con

_____ (nombre) porque _____

_____

6. La mayoría de "los expertos" que consulta mi pareja tiene (credenciales académicas / experiencia profesional / las dos / ninguna de las dos).

Paso 2. En grupos de tres a cuatro, exploren las siguientes preguntas.

1. ¿Qué tipo de credenciales se suele valorar más en la/s cultura/s de ustedes?

2. ¿Dónde están "los expertos" a quienes recurren ustedes? Por ejemplo, cuando se enferman, muchos estudiantes prefieren irse a sus casas para visitar a su doctor en vez de ir a la clínica universitaria. ¿Qué inconvenientes hay con eso?

3. ¿Dónde creen que están "los expertos" de las personas en la comunidad en donde trabajan ustedes? ¿Distantes? ¿Cercanos? ¿Qué inconvenientes hay con eso?

4. En cuanto al coste, ¿tienen ustedes acceso a todo tipo de experto?

5. ¿Tienen ustedes acceso a todo tipo de experto en su lengua materna?

6. ¿Tienen el mismo acceso las personas en la comunidad donde trabajan ustedes?

Paso 3. Seguro que en la comunidad has oído vocabulario y expresiones que no se enseñan en los libros de texto. Hay que saber distinguir en qué contexto se pueden usar las palabras. Visita la página www.pearsonhighered.com/comunidades y sigue los enlaces para conocer a Ricardo Anjona, un cantor guatemalteco de mucha fama, y una de sus canciones. Contesta estas preguntas.

1. ¿Qué piensas del título?

_____

2. ¿Cómo juega la letra de la canción con dos significados diferentes de la palabra "mojado"?

_____

3. "Mojado/a" es una palabra que puedes escuchar, ¿pero deberías usarla?

_____

4. ¿Qué elementos de la naturaleza incluye en su letra?

_____

5. ¿Qué trata de decirnos Anjona cuando usa esos elementos naturales?

_____

Lección

¿Qué más nos gustaría aprender del español?

21

Hay muchas lenguas que se pueden estudiar, pero tú elegiste el español. ¿Por qué? En está lección explicarás por qué estudias el español, especificarás qué aprendiste en tus otras clases de español y tendrás la oportunidad de diseñar tu clase ideal.

Actividad 21-1

¿POR QUÉ APRENDEMOS EL ESPAÑOL?

Paso 1. ¿Cuáles son tus razones para tomar clases de español? Tu profesor/a preparará un mapa conceptual en el pizarrón con las respuestas de todos.

 Paso 2. En grupos de tres, completen las frases.

Las razón más práctica es _____

Las razón más divertida es _____

Las razón más altruista es _____

Paso 3. Hay muchísimas lenguas en el mundo. Explica por qué sería importante estudiar estas otras lenguas.

El francés: _____

El chino: _____

El árabe: _____

El alemán: _____

El hindi: _____

Otras: _____

Actividad 21-2

¿QUÉ CURSOS DE ESPAÑOL NOS INTERESAN?

Paso 1. Entrevista a un/a compañero/a. Primero, apunta todas las clases de español de nivel universitario que él/ella ya tomó o está tomando. Luego, hazle la pregunta de la tabla y apunta sus respuestas. Sigue el modelo.

Curso	¿Qué aprendió?
SPAN 141 "El mundo hispanoamericano"	Los países y las capitales; cómo es Puerto Rico; que no le gusta estudiar la geografía.
1.	
2.	
3.	
4.	
5.	
6.	
7.	
8.	

¿En alguna de tus clases de español has aprendido a dar un discurso? ¿A dar un discurso fuera del aula?

Paso 2. Mira otra vez el mapa conceptual que escribió tu profesor/a. ¿Qué cursos de tu universidad corresponden con las razones por las cuales tú y tus compañeros estudian español? Apúntalos y explica la conexión.

Curso	Explica la conexión
1.	
2.	
3.	
4.	
5.	
6.	
7.	
8.	

Paso 3. Marca la frase con que estás de acuerdo y explica.

❑ 1. Hay una correspondencia directa entre los cursos de español que se ofrecen en esta universidad y las razones por las cuales estudio el español.

❑ 2. No hay una correspondencia directa entre los cursos de español que se ofrecen en esta universidad y las razones por las cuales estudio el español.

❑ 3. Sólo a veces hay una correspondencia directa entre los cursos de español que se ofrecen en esta universidad y las razones por las cuales estudio el español.

❑ 4. Otra respuesta: _____

Explica tu respuesta.

_____
_____
_____

Compara tus respuestas con las de los otros de la clase. ¿Con qué frase está de acuerdo la mayoría?

❑ 1 ❑ 2 ❑ 3 ❑ 4

CW **Paso 4.** Tú ya sabes lo que quieres aprender en una clase de español. Visita la página www.pearsonhighered.com/comunidades y sigue los enlaces para escuchar lo qué quieren algunos latinos en EE.UU. que aprendan los estudiantes.

¿Has aprendido estas cosas en tus clases? Sí / No / Algunas cosas sí, otras no

Actividad 21-3

¿CÓMO ESCOGEMOS LOS CURSOS QUE TOMAMOS?

Paso 1. Mira la siguiente lista de razones para tomar una clase. Luego, entrevista a un compañero/a, apunta todas las clases que está tomando este semestre e indica por qué las escogió.

Nombre de mi compañero/a: _____

1. Su consejero/a se lo aconsejó.
2. El horario le convenía.
3. Investigó primero los requisitos del curso y le parecían buenos.
4. Se lo recomendó un/a amigo/a.
5. Le interesaba la materia.
6. Conocía ya al/a la instructor/a.
7. Es un curso requerido.
8. Le parecía un curso bastante fácil.
9. Le parecía un curso bastante difícil; buscaba un desafío.
10. Es una clase con muchos estudiantes.
11. Es una clase pequeña —más íntima.
12. Le prepara para su profesión.
13. Se lo aconsejaron sus padres.
14. Otra razón.

Curso _____ 1 / 2 / 3 / 4 / 5 / 6 / 7 / 8 / 9 / 10 / 11 / 12 / 13 / 14
Curso _____ 1 / 2 / 3 / 4 / 5 / 6 / 7 / 8 / 9 / 10 / 11 / 12 / 13 / 14
Curso _____ 1 / 2 / 3 / 4 / 5 / 6 / 7 / 8 / 9 / 10 / 11 / 12 / 13 / 14
Curso _____ 1 / 2 / 3 / 4 / 5 / 6 / 7 / 8 / 9 / 10 / 11 / 12 / 13 / 14
Curso _____ 1 / 2 / 3 / 4 / 5 / 6 / 7 / 8 / 9 / 10 / 11 / 12 / 13 / 14
Curso _____ 1 / 2 / 3 / 4 / 5 / 6 / 7 / 8 / 9 / 10 / 11 / 12 / 13 / 14

Sus clases este semestre son: _____

¿Por qué? _____

Comparen sus respuestas. Entre todos los estudiantes de esta clase, ¿cuál es la razón más común para haber escogido sus clases? _____

Paso 2. Los profesores a veces se sorprenden al descubrir las razones por las cuáles los estudiantes escogen los cursos que toman. Si un profesor quiere que muchos estudiantes se matriculen en su curso, ¿qué le aconsejas que haga?

_____

_____

_____

Paso 3. Algunos estudiantes leen los comentarios en ratemyprofessors.com para decidir qué clases tomar o evitar. Si existiera ratemyclasses.com, ¿qué comentarios podrías poner ahí para motivar a otros estudiantes a tomar una clase de aprendizaje en la comunidad?

_____

_____

Actividad 21-4

¿CÓMO DISEÑARÍAMOS NOSOTROS UN CURSO DE ESPAÑOL?

Paso 1. Ahora sabemos por qué estudian el español, qué cursos de español han tomado y cómo escogen sus clases. Considerando toda esta información, trabajen en grupos y diseñen un nuevo curso de español, SPAN 1000. Debe ser un curso factible: riguroso, atractivo y no repetitivo. Luego, presenten sus cursos a los otros.

1. El título: _____

2. ¿Es un curso de aprendizaje en la comunidad? _____

3. El contenido: _____

_____

_____

4. Las tareas, los trabajos y los exámenes: _____

_____

_____

5. El número de estudiantes: _____

6. El horario: _____

Paso 2. Vota por el curso que más te interesa.

1. ¿Qué curso recibió más votos? _____

2. ¿Por qué les gusta a los estudiantes? _____

_____

3. ¿Les gustaría a los profesores y a los administradores de la universidad? _____

_____

L ección 22

¿Qué importancia tiene esta experiencia con el aprendizaje en la comunidad?

En la mayoría de los cursos, el/la estudiante participa, investiga, toma exámenes, y su éxito se ve reflejado en la nota que recibe al final. En esta lección considerarás el éxito de tus esfuerzos en la comunidad en tres áreas: en la comunidad, en tu desarrollo pre profesional y en tu persona.

Actividad 22-1

¿QUÉ IMPORTANCIA TIENE PARA LA COMUNIDAD?

 Paso 1. Trabajando en parejas, identifiquen algunas situaciones importantes —positivas o negativas— que han observado durante su trabajo en la comunidad. Luego, usen la siguiente escala para indicar el impacto de los estudiantes de este curso.

1 = La situación ha empeorado.
2 = La situación no ha cambiado.
3 = He visto algunas mejoras en la situación.
4 = La situación ha mejorado mucho.
5 = La situación ha desaparecido.

Situación en la comunidad	Escala	Explica
1.		
2.		

Paso 2. A veces es difícil medir el impacto de nuestro servicio en la comunidad. (¡Y también medir el impacto que ha tenido la comunidad en nosotros!) Puede que sea más fácil reconocer la huella que deja una relación personal que se forma a través del servicio en la comunidad. Piensa en las relaciones que has formado en la comunidad y completa estas frases.

1. Mi relación/interacción con _____

posiblemente ha tenido este impacto: _____

_____

2. Mi relación/interacción con _____

posiblemente ha tenido este impacto: _____

_____

Actividad 22-2

¿QUÉ IMPORTANCIA TIENE PARA TU CARRERA?

Paso 1. Ya hemos hablado de qué has aprendido en la comunidad. Ahora, veamos cómo puedes transferir esos conocimientos y habilidades a un trabajo tuyo o a tus estudios de posgrado.

Las habilidades profesionales consisten en conocimientos técnicos o académicos específicos a cierto campo. Por ejemplo, los abogados necesitan saber las leyes; pero como es imposible saberlas todas, los abogados tienen que saber cómo llevar a cabo una investigación para averiguar la información necesaria. Si quieres hacer estudios de posgrado en ingeniería, necesitas tener una base sólida en matemáticas, física y otras materias académicas.

Las habilidades personales, por otro lado, normalmente no se enseñan directamente en la escuela y pueden ser difíciles de medir. Una es la habilidad de interactuar de manera productiva con otras personas: jefes, colegas y clientes. Por ejemplo, una doctora con habilidades profesionales y personales no sólo te sabe curar, sabe cómo mantenerte informado, tranquilizarte, escucharte y dedicarte el tiempo necesario, entre otras cosas. Un camarero con habilidades profesionales sabe de memoria la lista del restaurante y la comunicación técnica con los cocineros. Uno con habilidades personales también se acuerda de los gustos de los clientes regulares, intuye si a un cliente le gusta la charla o no y adivina el momento justo para ofrecerle café y postre.

En tu trabajo en la comunidad para esta clase, ¿qué habilidades has adquirido o desarrollado? Da ejemplos específicos.

Habilidades profesionales	Habilidades personales
1.	
2.	

¿Cómo puedes comunicar en una entrevista no sólo lo que aprendiste en tu trabajo en la comunidad sino cómo se aplica al trabajo que buscas? ¿Puedes demostrar algo específico que hiciste para ayudar a la organización? ¿Qué tal si te piden que les hables en español en la entrevista?

Paso 2. A veces los estudiantes no saben valorar todas las habilidades que poseen. Otra dificultad puede ser que el lenguaje universitario no siempre coincide con el del mundo de los negocios. Lee los ejemplos de transferencia de experiencias en la siguiente tabla y luego añade ejemplos tuyos.

Experiencia en la universidad	Transferencia al mundo de los negocios
Tienes tus propias páginas en Facebook, MySpace o YouTube.	Conoces nuevos canales de mercadotecnia.
Tus clases requieren muchos proyectos en equipo y siempre has sacado una A.	Sabes colaborar con un equipo para obtener un producto final de alta calidad.
Escribes un blog para tu fraternidad/hermandad para mantener informados a los ex alumnos. Describes las actividades e incluyes entrevistas con los miembros. De vez en cuando les pides dinero para una actividad específica.	Sabes implementar una estrategia de mercadotecnia relacional.
1.	
2.	
3.	
4.	

 Paso 3. Escucha la historia de Sara. Primero, lee la siguiente lista de habilidades de un buen empleado. Después, decide dónde o en qué lugar Sara desarrolló sus habilidades. Usa la siguiente clave.

a. en la comunidad	b. en el trabajo
c. en el extranjero	d. no ha demostrado esta habilidad

Se busca a personas que...

1. puedan comunicarse bien (escribir, escuchar y hablar).   a / b / c / d
2. sean analíticas.   a / b / c / d
3. se sientan cómodas con la tecnología.   a / b / c / d
4. no se agobien al trabajar en múltiples proyectos.   a / b / c / d
5. se lleven bien con otros.   a / b / c / d
6. demuestren la capacidad de ser líderes eficaces.   a / b / c / d
7. trabajen bien con gente de otras culturas.   a / b / c / d
8. puedan planear y dirigir a otros.   a / b / c / d
9. usen su creatividad para encontrar soluciones.   a / b / c / d
10. trabajen bien en equipo.   a / b / c / d

¿Puedes dar ejemplos específicos de tus capacidades en estas áreas?

_____

_____

Paso 4. En tu currículum, ¿cuál es la manera más eficaz de representar tus experiencias con el aprendizaje en la comunidad?

❑ Lo voy a poner en la categoría "Work experience" y voy a escribir:

_____

❑ Lo voy a poner en la categoría "Volunteer experience" y voy a escribir:

_____

❑ Lo voy a poner en otra categoría (_____) y voy a escribir:

_____

Actividad 22-3

¿QUÉ IMPORTANCIA TIENE PARA TI PERSONALMENTE?

Paso 1. Se espera que el aprendizaje en la comunidad sirva al estudiante no sólo para buscar trabajo, sino también para que se vaya formando un sentido cívico amplio, activo y tolerante. ¿Esto ha sido el caso para ti?

• Primero, en la primera columna de la siguiente tabla, escribe los nombres de las tres personas con quienes pasas más tiempo en la universidad.
• Segundo, también escribe los nombres de las tres personas con quienes más has trabajado en la comunidad (empleados y/o clientes).

Nombre	A	B	C	D	E	F	G
1.							
2.							
3.							
4.							
5.							
6.							

• Ahora, marca las letras que apliquen junto a cada nombre en la tabla. Esta es la clave:

A = Es de una religión diferente a la tuya.
B = Es de una raza diferente a la tuya.
C = Viene de una clase socioeconómica diferente a la tuya.
D = Sus ideas políticas son diferentes a las tuyas.
E = Hay una diferencia de más de cinco años entre tu edad y la suya.
F = Es de una orientación sexual diferente a la tuya.
G = Su primera lengua es diferente a la tuya.

Paso 2. Considerando las respuestas en el **Paso 1,** ¿con qué frase estás de acuerdo?

❏ Hay más diversidad entre tus amigos en la universidad que entre la gente con quien trabajas en la comunidad.

❏ Hay menos diversidad entre tus amigos en la universidad que entre la gente con quien trabajas en la comunidad.

❏ Hay tanta diversidad entre tus amigos en la universidad como entre la gente con quien trabajas en la comunidad.

¿A qué conclusiones se puede llegar después de ver los resultados? ¿Qué papel juega la diversidad en nuestras vidas cotidianas? ¿Qué papel juega el aprendizaje en la comunidad con nuestra actitud hacia las diferencias/la diversidad?

_____

_____

_____

23

¿Cómo vamos a despedirnos?

Al principio de un curso de aprendizaje en la comunidad, hay mucho que hacer para que los estudiantes se integren sin problemas en la comunidad. Mientras que este curso está por acabarse y los estudiantes planean sus vacaciones o se gradúan, el trabajo en la comunidad continúa. Por eso, es muy importante retirarse del compromiso con la comunidad respetuosamente. Al cerrar esta experiencia de manera positiva, estás dejando la puerta abierta para los futuros estudiantes.

Actividad 23-1

¿CÓMO VAMOS A DESPEDIRNOS DE LOS DE LA COMUNIDAD?

 Paso 1. Los hispanos a diferencia de los estadounidenses le dan gran importancia al acto de saludar y despedirse. Con una pareja, decidan de quién en la comunidad deberían despedirse y cómo.

Persona(s): tu supervisor/a, los empleados, los clientes, un cliente o estudiante especial, otras

personas: _____

Modo de despedirse: escribir una tarjeta formal, llamar por teléfono, mandar un mensaje electrónico, hacer un pequeño regalo, darle la mano y agradecerle su ayuda, otro modo:

_____

Paso 2. Escribe una nota a una persona con quien trabajaste en la comunidad. Tu profesor/a leerá las notas y se las entregará a la gente en la comunidad.

Información que incluir:

- Un saludo apropiado
- Una expresión de agradecimiento
  (Gracias por...; Quisiera darle las gracias por...; Le agradezco mucho su...)
- Una explicación de lo qué aprendiste o qué te gustó durante esta experiencia
- Un ejemplo breve pero muy específico
- Una fórmula de despedida apropiada

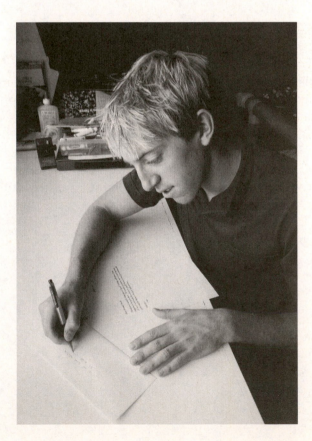

¿Por qué es importante agradecerle a tu supervisor/a en la comunidad todas las atenciones que tuvo contigo? ¿Una despedida escrita comunica algo diferente a una oral? ¿Verás otra vez a estas personas en la comunidad? ¿Tendrás necesidad de ellas en el futuro?

Actividad 23-2

¿CÓMO VAMOS A DESPEDIRNOS DE LOS DE ESTA CLASE?

Paso 1. En la **Unidad 1** de este libro aprendiste los nombres de tus compañeros de clase y algo sobre ellos. Ahora seguramente los conoces mucho mejor, pero seguro que hay más que aprender. En grupos de cuatro, hablen de sus planes para el futuro —después de esta clase y después de graduarse—. ¿El español o el servicio en la comunidad figura en el futuro de alguno de ustedes?

Paso 2. Durante el semestre han trabajado mucho con los compañeros de la clase, pero también han formado una relación con el/la profesor/a. Las clases de aprendizaje en la comunidad son especiales porque muchas veces tu profesor/a también aprende de los estudiantes. Prepara una pregunta para tu profesor/a para saber más de su papel en el aprendizaje en la comunidad y lo que ha aprendido.

Pregunta: _____

Actividad 23-3

¿REALMENTE NOS VAMOS A DESPEDIR DEL SERVICIO EN LA COMUNIDAD?

Paso 1. Para muchas personas el prestar servicio en la comunidad es una parte integral de sus vidas, no solamente un componente de un curso de aprendizaje en la comunidad. De hecho, las estadísticas dicen que ahora los jóvenes estadounidenses prestan servicio en números mayores que en el pasado. Entrevista a un/a compañero/a sobre sus experiencias previas con prestar servicio en la comunidad y toma apuntes.

Nombre de mi compañero: _____

Sus experiencias previas: _____

_____

_____

Las diferencias entre el voluntariado y un curso de aprendizaje en la comunidad:

_____

_____

Paso 2. Escribe un párrafo donde comparas y contrastas tus experiencias con el voluntariado con las de tu compañero/a. Usa algunas de las frases de esta lista.

En mi/su escuela...

En mi/su familia...

En mi/su comunidad...

_____

_____

_____

_____

_____

_____

_____

_____

Paso 3. Algunos estudiantes dicen que no quieren despedirse de las personas con quienes trabajan en la comunidad porque quieren continuar prestando servicio ahí aún después de este curso. Lee los siguientes casos de tres estudiantes que siguieron prestando servicio en la comunidad y/o incorporando la ética del servicio en sus vidas.

1. A Jessica le encantaba su trabajo en un centro para inmigrantes. Todos los días venía alguien diferente al centro y con un caso totalmente nuevo. Sentía una profunda satisfacción al saber que estaba ayudando a personas que a veces eran víctimas de discriminación o, en los mejores de los casos, confusiones y malentendidos. Como ya se iba a graduar, sabía que no iba a poder continuar en el mismo centro, pero al empezar en la facultad de derecho en otra universidad el siguiente semestre, se asoció a un despacho legal dirigido por estudiantes para personas de escasos recursos.

2. David, estudiante de educación secundaria, tenía que hacer su práctica en una escuela durante un semestre. Pasaba muchísimas horas en la escuela y le quedaba muy poco tiempo para prestar servicio. Sin embargo, todos los sábados por la tarde se reunía con un grupo de amigos para mirar la televisión, charlar y no hacer nada en particular. Les propuso que pasaran ese tiempo juntos, pero trabajando en una sesión de tutoría que la escuela ofrecía a los padres de sus estudiantes. Aceptaron. Así que ahora prestan servicio dos horas cada sábado y luego siguen pasando tiempo juntos.

3. Allison tenía dos carreras: estudios internacionales y español. Las dos carreras le fascinaban, pero no sabía qué tipo de trabajo iba a encontrar. Un día, por pura casualidad, le preguntó a su supervisor en el trabajo en la comunidad —dónde había estudiado. Él le explicó sobre la maestría en la gerencia de organizaciones sin fines de lucro que hizo en una universidad de prestigio. En su último año, Allison tomó algunos cursos de negocios, solicitó el programa y obtuvo la maestría. Ahora vive en Washington D.C. y trabaja para una organización no gubernamental (ONG) con programas internacionales.

¿Cómo puedes tú combinar el servicio con tus intereses personales y/o profesionales?

_____

_____

_____

CW **Paso 4.** Visita la página www.pearsonhighered.com/comunidades y sigue los enlaces para encontrar información sobre trabajos voluntarios en otros países. Busca oportunidades en los países de habla española y completa esta información. Luego, presenta tus ideas a tu compañero/a.

A mí me gustaría hacer _____ (un proyecto

específico) en _____ (un país específico) porque _____

_____

_____

Creo que a _____ (tu pareja para esta actividad) le gustaría hacer

_____ (un proyecto específico) en

_____ (un país especifico) porque _____

_____

_____

¿Está de acuerdo tu compañero/a con el proyecto que identificaste para él/ella?
Sí / No / Tal vez

Actividad concluyente

¿CÓMO SEGUIR CON EL SERVICIO Y EL APRENDIZAJE?

A lo largo de este curso has traspasado la burbuja que existe entorno a la universidad para entrar en la comunidad latina y ser solidario/a con ellos. ¿Cómo llegaste a esa comunidad? ¿Llegaste al trabajo alguna vez empapado/a porque empezó a llover mientras andabas en bicicleta rumbo a la organización? ¿Te salieron ampollas en el pie al caminar desde tu campus hasta tu trabajo? Vamos a ver si hay otras maneras de "llegar" a interactuar con la comunidad latina.

Paso 1. Pregúntale a dos de tus compañeros qué es lo que más les gusta de prestar servicio en la comunidad y marca tus respuestas también.

Razón	Compañero/a 1	Compañero/a 2	Tú
1. Siento un afán de ayudar a otros.	❑	❑	❑
2. Me gusta conocer a gente nueva.	❑	❑	❑
3. Me gusta sentirme útil.	❑	❑	❑
4. Quiero mejorar mi español.	❑	❑	❑
5. Necesito sentirme ocupado/a.	❑	❑	❑
6. Necesito salir de mi rutina de vez en cuando.	❑	❑	❑
7. Quiero mejorar nuestro mundo.	❑	❑	❑
8. Quiero estar con gente, no siempre con mi computadora.	❑	❑	❑
9. Otra razón:	❑	❑	❑

A todos nos gusta/n _____

_____

Sólo a mí me gusta/n _____

_____

Paso 2. Muchos estudiantes pasan la mayoría del tiempo en internet. ¿Y tú? ¿Crees que podemos usar el internet para ser solidarios con la comunidad latina? Has trabajado en una comunidad física para este curso, pero ¿puedes trabajar en una comunidad latina virtual? Ordena las siguientes actividades según el nivel de compromiso que tú tienes con la comunidad.

_____ a. Leer las noticias en internet sobre lo que pasa en las comunidades latinas.

_____ b. Dar dinero a una organización en internet que da préstamos de microcrédito a gente latina para que puedan aumentar sus ingresos.

_____ c. Leer blogs escritos por latinos e interactuar escribiendo comentarios.

_____ d. Donar dinero por internet a una organización caritativa en una comunidad latina.

_____ e. Comprar artículos en la página web de una cooperativa de artesanos latinos.

_____ f. Participar en una red social de internet para personas que quieren aprender idiomas; tú ayudas a otros con el inglés y ellos te ayudan con el español.

¿Cómo decidiste qué actividad demostraba mayor o menor compromiso? De estas posibilidades, ¿cuáles te pueden dar las mismas sensaciones que marcaste como importantes en el **Paso 1**? ¿Pueden tener el mismo valor las relaciones virtuales?

CW **Paso 3.** Existen algunas redes sociales en internet para personas que quieran aprender un idioma. Puedes practicar tu español con hispanohablantes y ayudar a otros a practicar su inglés. ¿Qué logran los estudiantes que participan en estas redes sociales en internet? Lee las siguientes citas de estudiantes que usan estos portales y decide qué logran.

Estudiante 1

Hoy cuando entré en el portal, primero leí mis mensajes (había seis). Unos fueron de personas que querían empezar conmigo una asociación para aprender, pero ya tengo unos "amigos" con quienes practico; por eso les dije que aunque me gustaría, no tengo suficiente tiempo. Otros mensajes fueron textos cortos en inglés de unos usuarios, y los corregí. Después, como siempre, repasé mi vocabulario en español. También, empecé una nueva lección de vocabulario, con palabras que se usan en el banco. Era muy interesante porque yo nunca había aprendido estas palabras; todas fueron palabras nuevas. Había palabras sobre préstamos, tarjetas de crédito, dinero, etc.

Después, me comuniqué con un grupo de hispanohablantes en el cuarto de *chat*. Ellos estaban comparando la economía en EE.UU. y la de Colombia, y ¡había mucha discusión! Dos personas de EE.UU. dijeron que los colombianos no querían admitir que su economía era un gran problema, y los de Colombia respondieron que EE.UU. siempre interfiere con los problemas de otros. No mencionaron cosas específicas; pensé que los dos lados simplemente estaban tirando insultos. No quise implicarme; por eso, escuché y no di una opinión. ¡Fue muy interesante!

¿Qué logró este estudiante? Aprender vocabulario nuevo. / Aprender reglas gramaticales. / Sentirse más seguro/a al hablar/escribir el español. / Conocer mejor la cultura de otros. / Conocer a gente nueva. / Ayudar a otros a aprender el inglés. / Otra cosa:

Estudiante 2

Recibí un *e-mail* de mi amigo Tulio cuando entré en el portal. Él me explicó sobre el uso de "tú" y "usted" en la vida cotidiana, porque yo le había preguntado sobre esto. También repasé el vocabulario que ya aprendí sobre el tiempo, las estaciones, las características y otros temas. Me gusta que Babbel siga la pista de las palabras y las frases que aprendo; ¡he aprendido 100 palabras y 38 frases hasta ahora! Cada vez que repaso, las lecciones se hacen más difíciles. Por ejemplo, en vez de tener que encontrar la palabra que corresponda al dibujo, necesito escribir la palabra o la frase completa.

Después de repasar el vocabulario anterior, empecé una serie nueva acerca de los colores. Al principio, me pareció fácil y un buen repaso, pero cuando hubo que usar las palabras en frases, fue más difícil. Después de esto, completé un ejercicio de escritura sobre "mi futuro" y se lo envié a una "amiga" para que me lo corrija.

También conversé con algunas personas y, mientras hablábamos, me di cuenta de que muchas veces los hispanohablantes usan "k" en vez de "q" en su escritura. Por ejemplo: "quisiera" lo escriben "kisiera," o "equipo" lo escriben "ekipo". Es interesante porque en nuestra cultura también hacemos esto en la escritura cotidiana, cuando charlamos en el internet.

Luego miré las entradas que agregué la última vez y muchas personas las habían revisado. Empecé a prestar atención a algunos errores que siempre hago. Por ejemplo, muchas veces se me olvida incluir "para" antes de verbos y "a" antes de algunos sustantivos. También tengo problemas para identificar cuándo usar los verbos "ser" y "estar" y las conjugaciones en pretérito e imperfecto. Cuando se combina todo en la misma frase y tengo que decidir entre pretérito e imperfecto y ser y estar, me meto en líos (jajaja). Pero, en general, mis entradas eran buenas.

Me alegré ver que muchas personas habían revisado mis presentaciones grabadas. ¡Unos hablantes nativos comentaron que mi manera de hablar era muy natural! Estoy orgullosa de estas presentaciones.

Finalmente, pasé unos minutos escribiendo un mensaje a mi amiga Sorey con quien platiqué hace una semana. Sorey es una mujer muy interesante. Quería preguntarle cómo le iba con su trabajo en las dos compañías y sus estudios.

¿Qué logró esta estudiante? Aprender vocabulario nuevo. / Aprender reglas gramaticales. / Sentirse más seguro/a al hablar/escribir el español. / Conocer mejor la cultura de otros. / Conocer a gente nueva. / Ayudar a otros a aprender el inglés. / Otra cosa:

CW ¿Te gustaría hacer lo que hacen estos estudiantes? ¿Qué beneficios ves? ¿Limitaciones? ¿Puede ser una manera de mantenerte involucrado/a con la comunidad latina? Visita la página www.pearsonhighered.com/comunidades y sigue los enlaces para "redes sociales" para ver ejemplos de portales en que puedes participar tú también.

Paso 4. En esta unidad examinamos cómo comunicar lo que has aprendido y logrado en tu trabajo en la comunidad a la hora de buscar trabajo. Muchas organizaciones buscan información sobre los solicitantes en internet —perfiles que hayas creado, fotos que hayas subido, comentarios que hayas hecho, etc. ¿Qué quieres que vean de ti cuando te busquen en internet? Indica si los enunciados son ciertos o falsos. Si alguno es falso, explica por qué.

	Cierto	Falso
1. En Facebook o Twitter es bueno actualizar tu estatus con información sobre tus actividades para este curso. Por ejemplo: "Acabo de explicarle en español a un cliente cómo llenar una forma muy complicada" o "Mi reto para hoy es convencer a mi estudiante a que me lea un libro entero en inglés".	❏	❏
2. Es bueno sacar fotos de los niños a quienes brindas tutoría y subirlas a tu cuenta para que las vean tus padres y tus amigos.	❏	❏
3. Es bueno desahogarte en el internet. Puedes escribir: "Tengo que pasar 20 minutos en autobús para llegar a mi trabajo en la comunidad hoy; preferiría quedarme en la casa".	❏	❏
4. Es malo subir al internet fotos en las que sales haciendo tu trabajo en la comunidad.	❏	❏
5. Es malo invitar a alguien de la comunidad a ser tu "amigo" en una red social en internet.	❏	❏
6. Es bueno subir un video en que comentas, en español, tus reflexiones sobre lo que has aprendido en la comunidad.	❏	❏
7. Es malo subir videos o textos con errores de vocabulario y gramática en español.	❏	❏
8. Es malo crear un portafolio electrónico para esta clase (con un *wiki*, por ejemplo) con ejemplos específicos de tus retos y logros en la comunidad y en el aula.	❏	❏

Text

Page 53: Christine J. Won, "Undocumented students face uncertain future," The News-Gazette.com, June 18, 2007. http://www.news-gazette.com/reprintreqs/immigrant_college/. Reproduced by permission of The News-Gazette, Inc. Permission does not imply endorsement.; **page 56:** Amy F. Reiter and Christine J. Won, "Hello (Hola): Welcome to increasingly bilingual schools," The News-Gazette.com, June 17, 2007. http://www.news-gazette.com/reprintreqs/bilingual_schools/. Reproduced by permission of The News-Gazette, Inc. Permission does not imply endorsement.; **page 105:** Personal interview, "Indocumentados: Entrevista con mi madre." Interview courtesy of author.

Photo

Cover: Lorenz Britt/Stock Connection; **page 2:** David Young-Wolff/PhotoEdit Inc.; **page 6:** Jeff Greenberg/PhotoEdit Inc.; **page 12:** Jeff Greenberg/PhotoEdit Inc.; **page 16:** David Young-Wolff/PhotoEdit Inc.; **page 21:** Pete Oxford/Nature Picture Library; **page 26:** Krista Greco/Merrill Education; **page 30:** EyeWire Collection/Getty Images - Photodisc-Royalty Free; **page 34:** David Young-Wolff/PhotoEdit Inc.; **page 39:** David Young-Wolff/Getty Images Inc. - Stone Allstock; **page 46:** Robert Harbison; **page 52:** Elizabeth Crews/Elizabeth Crews Photography; **page 60:** Will Hart; **page 67:** Spencer Grant/PhotoEdit Inc.; **page 73:** Photolibrary.com; **page 80:** Photolibrary.com; **page 86:** Keith Brofsky/Getty Images, Inc.- Photodisc/Royalty Free; **page 96:** Michael Newman/PhotoEdit Inc.; **page 100:** ThinkStock LLC/Photolibrary.com; **page 109:** Jeff Greenberg/PhotoEdit Inc.; **page 115:** Rachel Epstein/PhotoEdit Inc.; **page 119:** Jeff Greenberg/PhotoEdit Inc.; **page 124:** Lawrence Migdale/Lawrence Migdale/Pix; **page 128:** Getty Images - Stockbyte, Royalty Free; **page 140:** Bob Daemmrich/PhotoEdit Inc.; **page 145:** Infocus International.Morrell.Infocus/Getty Images Inc. - Image Bank; **page 150:** Spencer Grant/PhotoEdit Inc.